Bragdy'r Beirdd

Golygwyd gan
Osian Rhys Jones a Llŷr Gwyn Lewis

Cyhoeddiadau
barddas

ⓑ Osian Rhys Jones / Llŷr Gwyn Lewis / Cyhoeddiadau Barddas ©

Y cerddi ⓑ Y beirdd ©

Argraffiad cyntaf: 2018

ISBN 978-191-1584-12-4

Cyhoeddwyd gan Gyhoeddiadau Barddas.

Cyhoeddwyd gyda chymorth ariannol Cyngor Llyfrau Cymru.

Dyluniwyd logo Bragdy'r Beirdd gan Gwyn Eiddior.

Argraffwyd gan Y Lolfa, Talybont.
Dyluniwyd gan Dylunio GraffEG

Cynnwys

Rhagair

'Nôl yng ngwanwyn 2011, cafodd dau fardd sychedig e-bost gan Catrin Dafydd yn dweud dim mwy na bod ganddi 'syniad', ac y dylem gyfarfod i'w drafod. Wrth i'r tri ohonom – Osian, Catrin a Rhys Iorwerth – gyfarfod, daethom i gytuno bod angen i ni fel tri bardd ifanc yng Nghaerdydd gael llwyfan i berfformio ein cerddi, a honno'n llwyfan o dan ein rheolaeth ni y tu hwnt i gonfensiynau talwrn a stomp, er cystal y rheini. Doedd y tri ohonom yn ddim ond tri o blith cannoedd o Gymry ifainc oedd yn byw yn ein prifddinas, ac roeddem yn grediniol fod galw am gerddi gan feirdd ifainc i gynulleidfa o bobl ifainc (a rhai hŷn hefyd, wrth gwrs). Mae mymryn o hanes enwi Bragdy'r Beirdd yn y gyfrol hon ac mae'r cerddi'n dyst fod llawer mwy o gic yn 'syniadau' Catrin na rhai gwanllyd y rhelyw.

Fel sy'n gweddu i dref borthladd ifanc, symudol fel Caerdydd, mynd a dod yw hanes y Bragdy o fewn i'r ddinas hefyd. Bu raid gadael y Rockin' Chair o'n holau pan syrthiodd y nenfwd – a ninnau'n amau'n ddistaw bach ai'n bai ni oedd hynny am godi'r to unwaith yn rhy aml. Ar ôl un noswaith yn Nos Da, Glanyrafon, ymlaen â ni wedyn i'r Canton Sports Bar – a gorfod gohirio un noson oherwydd i rywun gael ei drywanu yno y prynhawn hwnnw. Ond doedd gennym ni ddim oll i'w wneud â hynny! Ein cyswllt i ddod o hyd i leoliadau yn Canton oedd Marc y Siarc. Daeth Marc yn rhan o chwedloniaeth y Bragdy ac erbyn hyn, ef yw'r wyneb croesawgar sy'n casglu a chadw'r arian wrth y drws yn ein nosweithiau. Bellach mae'r Bragdy wedi ymgartrefu

drachefn yng nghlwb y Columba ar Heol Llandaf. Mae'r wynebau wedi amrywio hefyd, a llu o westeion barddol a cherddorol yn golygu bod rhyw frag newydd, blasus ar gael i'r gynulleidfa bob tro. Gallwch ddarllen pytiau am brofiadau rhai o'r gwesteion hyn drwy'r gyfrol, a darnau mwy estynedig hefyd gan ddau o westeion mwyaf poblogaidd y Bragdy, sef Geraint Jarman ac Aneirin Karadog, yn myfyrio ar eu profiadau hwythau. Efallai mai'r newid mwyaf ers y cychwyn yw'r ffaith i Rhys ei heglu hi'n ôl am Gaernarfon, ac i Catrin hithau ymddeol yn barchus, er bod y ddau wedi sleifio'n ôl fwy nag unwaith. Efo sgidiau mor fawr i'w llenwi, roedd angen criw go nobl o feirdd tŷ newydd, ac mae Llŷr, Gwennan, Casia, Anni, Aron a'r ddau Ruffudd wedi ateb yr her honno. Ffrwyth rhai o'u perfformiadau nhw dros y blynyddoedd sy'n cadw cwmni, felly, i gerddi Osian, Catrin a Rhys yma.

Yng nghanol hyn oll, dechreuwyd traddodiad newydd yn Eisteddfod Bro Morgannwg, 2012, pan gynhaliwyd noson 'Iolo!' yn yr Hen Hydd Gwyn

YN DIWALLU SYCHED CYMRU

BRAGDY'R BEIRDD

ERS OES PYS

Yn Cyflwyno

RHYS IORWERTH
OSIAN RHYS JONES
CATRIN DAFYDD

Nos Iau
8pm Mehefin 9fed
ROCKIN' CHAIR

Glan Yr Afon
Caerdydd

Gwestai Gwadd
Arbennig
—
DJ Meic P
—
Mynediad am ddim

yn Llanilltud Fawr. O dan lywyddiaeth fedrus Ifor ap Glyn, mae pob bro eisteddfodol wedi profi rhai o berfformiadau a cherddi mwyaf chwedlonol a doniol ein sin farddol ddiweddar. Braf yw cael un o sêr y nosweithiau hynny, Gwyneth Glyn, i'n gwneud ni'n falch o ddweud ein bod ni yno.

A dyma'r Eisteddfod, bellach, yn dod i Gaerdydd am y tro cyntaf ers geni'r Bragdy. Pa angen gwell esgus, felly, i ddathlu'r ddeubeth mewn cyfrol o bigion? Peth anodd bob amser yw ceisio ail-greu cyffro a bywiogrwydd noson fyw rhwng cloriau sychion – ac fe fyddai'r golygyddion yn rhai tra anghyfrifol pe baen nhw'n argymell eich bod yn mwynhau llymaid neu chwech ar y cyd â darllen y cerddi. Ond mae rhai o'r beirdd, yn union fel pe baen nhw'n perfformio'n fyw, wedi cynnwys rhyw ragymadrodd byr yn gosod cyd-destun eu cerddi. At hynny, mae rhai o gerddi'r gyfrol yn gwthio ffiniau chwaeth a phriodoldeb. Dyna natur nosweithiau byw lle mae eu cerddi'n dwyn blas lle ac amser, ac yn dod i'w llawn aeddfedrwydd yn yr adwaith rhwng gair a chynulleidfa. Yn wir, mae rhai o'r cerddi hyn yn gallu ennyn ymateb cymysg wrth eu datgan, ac mae hynny'n rhywbeth rydyn ni'n ei groesawu yn rhan o'n nosweithiau byw. Gan mai cyfrol sy'n ceisio cynrychioli'r nosweithiau hynny yw hon, felly, dyma groesawu'r cerddi hynny rhwng ei chloriau hefyd.

Gobeithio y gallwch chithau fel darllenwyr werthfawrogi'r cerddi am yr hyn ydyn nhw – sef cerddi a fwriadwyd yn gyntaf oll i'w datgan a'u mwynhau ar lafar, ar y cyd, ac yn y foment. Fel y dywed Aneirin Karadog, sy'n trafod y cyd-destun byw a bywiog hwn yn ei ddarn yntau, 'mae gwefr, yn gymaint â braw, i'w chael o ddatgan cerdd gerbron cynulleidfa fyw'. Gobeithio y cewch chithau brofi rhywfaint o'r wefr honno wrth ddarllen cerddi'r gyfrol.

Osian a Llŷr

Mae'r Steddfod yn Kerdiff!

Y diwrnod o'r blaen oedd fi'n cerdded ar fy ffordd i mewn i *town*,
pan 'nes i gweld rywbeth *funny*, ryw boi yn gwisgo *gown*.
Ond cyn i mi gael *chance* i dynnu llun o'r peth ar fy ffôn
daeth cannoedd yn gwisgo'r un peth yn syth i lawr y lôn.
Mae'n *safe*, meddyliais wedyn, er nad oedd gen i *clue*,
mae'r *weirdos* 'ma mewn gwyrdd a gwyn yn ffilmo *Doctor Who*.

Ond wedyn dechreuodd nhw canu a chanto rwbeth *weird*
cyn i'r boi 'ma o'r enw Dic siarad efo boi efo *beard*.
Ond wedyn 'nes i clicio, *festival Welshy* fawr,
y Steddfod, mae yn Kerdiff, a mae *obviously* arno nawr!

Roedd y bobl yn edrych yn *crazy* yn eu dillad fesul dau,
I tell ew wha', oedd pwy bynnag 'nath infento'r *shit* 'ma'n *high*.
Nawr, paid ca'l fi'n *wrong*, fi'n *supportive* o'r Eisteddfod ar ei thaith,
ond mae *usually* ddim y *type o' thing* ti'n gweld tu fas Primark ar ôl gwaith.

Yn sydyn, da'th ryw menyw, un o'r *crossdressers* gwyn,
a dweud wrtha i dod i'r Maes, a finnau'n hollol syn.
'Na, Bra, *it's alright cheers, I'm Fairwater born and bred*,
dwi ddim angen rhagor o drygs i ffycio *with my head*.'
'Cyffuria?' holodd hithau gan rhoddi i mi smac,
'Wel, chi'n amlwg arno rwbeth – LSD neu crac?'

Tynnwyd fi i ryw dent mawr o'r enw'r Pafil-iwn,
a phawb yn nabod pawb 'na. O! Rhoddwch i mi wn!
'Nath ryw person whipo cleddyf mas, a'i swingo dros pen ryw foi,
a'r boi yn edrych yn rili *shit* sgêrd, cyn gadael y llwyfan yn gloi.
Enw'r boi â'r cleddyf oedd rywbeth fel Robert McBryde,
roedd e'n *six foot tall*, a 'fyd yn *six foot flippin' wide*.

'A oes heddwch?' gwaeddodd y *nutter*.
'Heddwch!' gwaeddodd pawb i'r ne.
No shit bo nhw'n gweiddi heddwch,
tra bod *Samurai sword* 'da fe.
I mean, come off it, ble mae'r heddwch dyddiau yma, blant?
Ond *I suppose* bydd pobl yn dweud unrhyw beth
i b'ido ca'l *heads* nhw di chopo bant.

'Nes i adael y pafiliwn achos oedd e'n freako fi mas go iawn,
a dianc rhag y *loony* oedd wedi stalkio fi drwy'r prynhawn.
A *by the way*, i feddwl bod ni'n Cymru, Gwlad y Cân,
roedd y cystadleuaeth ar y llwyfan yn mynd mla'n, a mla'n, a mla'n.
Nawr, os bydde fe'n dda, *it'd be somein'*, ond odd e'n rili eitha cas,
gyda'r telyn yn chwarae'r tiwn *wrong* i beth oedd y merch yn sgrechian mas.

A 'nath un boi bach dod i'r llwyfan o leia deuddeg gwaith,
'nad ydi pobl gyda bywyd? fi'n meddwl ambell waith.
Ar fy ffordd roedd rywun yn cwyno, ac fe 'nes i clywed,
'mae eu pwyllgor apêl nhw'n iwsles, a ninne 'di cyrredd y targed'.

I mewn â fi, heb ddeall, i babell 'Len', neu rywun,
ac roedd *loads* o bobl yna er ei fod e'n *really borin'*.
Odd 'na *poet* yno'n ranto, yn meddwl bod e'n *all that*,
ond os fi'n bod yn onest, roedd e'n edrych fel *right prat*.
Ond roedd pawb yn idoliso'r *poets*, gan wneud synau fel 'mm' ac 'amen',
a chlywed synau'r *audience* yn *really* chwyddo'u pen.

Felly, sleifiais o'r saicadelia, yn ôl i'r *sales* am sgan,
fi'n *Welsh and all tha'*, ond sa i'n barod i'r *crazy shit* 'na, *man*.

Catrin Dafydd

Beth sydd mewn enw?

Gan Osian Rhys Jones

Wrth fynd ati i drefnu unrhyw fath o ddigwyddiad, mae nifer o elfennau i'w hystyried. Y lleoliad hollbwysig, y beirdd, y gwesteion a'r marchnata. Daw adeg dyngedfennol hefyd pan fo rhaid meddwl am enw i'r digwyddiad – rhywbeth bachog a fyddai'n cydio'n y dychymyg, yn gallu denu cynulleidfaoedd, concro'r byd …

Treuliodd tri ohonom, Rhys, Catrin a minnau, rai dyddiau yn taflu syniadau dros e-bost am enw'r noson, a rhannu rhai cannoedd o enwau. Rhai am eu sŵn a'u blas, rhai am eu cyfeiriadaeth farddol, eraill am eu hyblygrwydd. Dychmygwch y dyrnaid canlynol o blith y degau o e-byst, a'r cannoedd o gynigion posib:

DAN Y BONDO
CALLADWL
HENO, HENO
SYRCAS

Y DEILDY
BWCI BO
TAFARN
TRIBADŴR

BOB ROBAITS
FFATRI ODLAU
TŶ ODLAU
BLA BLA BLA …
TACSI

Yn wir, roedd y ffaith ein bod yn meddwl cymaint am yr enw yn dangos ein bod, os yn ddiarwybod i ni ar y pryd, yn bendant nad fflach o weithgarwch untro yn unig fyddai ein noson farddol newydd, ond rhywbeth mwy cynaliadwy. Byddai'r noson yn frand y byddai pobl ifanc Caerdydd fel ninnau yn uniaethu ag ef a bydden nhw'n edrych ymlaen, gobeithio, at ddod i'n nosweithiau.

Bragdy'r Beirdd yn cyflwyno . . .

Catrin Dafydd
Rhys Iorwerth
Osian Rhys Jones
Llŷr Gwyn Lewis
DJ Hefin Jones

7.30pm Nos Iau 24/11/2011
Mynediad am ddim

Rockin' Chair
Glan yr Afon, Caerdydd

Facebook.com/Bragdyrbeirdd
Twitter.com/bragdyrbeirdd

Mewn un e-bost, lle'r oedd Catrin yn nofio yn llif yr ymwybod creadigol ac wedi cynnig, yn ôl fy nghyfri i, bedwar deg ac un enw gwahanol, yr oedd un cynnig dinod, cudd nad oedd wedi cydio ar y pryd. Ond ddeuddydd yn ddiweddarach, daeth e-bost gan Rhys yn dweud:

> ... dwi'n sbio 'nôl dros rai o'r cynigion cynt, a dwi'n licio'n arw 'Bragdy'r Beirdd'... Felly mi fysan ni'n cael 'Bragdy'r Beirdd' yn cyflwyno ...

Ac yn wir, enw unigryw, hyblyg a chofiadwy 'Bragdy'r Beirdd' a orfu dros bob cynnig arall. Roeddem yn gweld bod yr enw yn rhoi rhyddid i ni fynd o le i le, ac i gael chwarae ar yr enw i gynnig bragiadau gwahanol, tymhorol, melys neu chwerw i'n cynulleidfa sychedig. Yn wir, 'yn diwallu syched Cymru ers oes pys' ydi'r straplein! A ninnau yng nghysgod simne fawr bragdy Brains, bu bron inni fod ddigon hy i holi'r cwmni am nawdd. Roedd y syniad o gael 'Beirdd y Tŷ' yn apelio, ond yn swnio'n dreuliedig. Ar y llaw arall, roedd cael enwi 'Beirdd y Bragdy' yn canu!

Yn sicr, roedd apêl bragu a barddoni fel dwy weithred greadigol, lesol a hanfodol i gymdeithas iach yn apelio yn fawr. Yng ngeiriau Rhys eto, wrth inni ddod yn nes at selio'r gasgen, 'Dwi'n eitha sicr bod o heb gael ei wneud o'r blaen, naddo? *Poets' Brewery*? Go brin.' Hoffwn feddwl ein bod wedi llwyddo i ddod, yn y pen draw, i'r penderfyniad iawn.

Bragdy'r Beirdd

Dyma gân wnes i ganu gyda fy ngitâr ciami yn un o nosweithiau'r Bragdy yn
y Canton Sports Bar yn Nhreganna. Mae'n siŵr gen i mai wedi Eisteddfod
Wrecsam, 2011, oedd y cyfnod gan mai Rhys Iorwerth yw'r prifardd y sonnir
amdano. Roedd hi hefyd yn gyfnod dyfnhau pwll beirdd y Bragdy a nifer ohonom
wedi cael gwahoddiad i gydgymysgu'r brag. Un peth arall y dylwn ei grybwyll:
mae'n debyg ei bod yn bosib rhannu tymhorau'r Bragdy yn ôl enillwyr y Limrig
gan fod un limrigwr yn tueddu i gael cyfnod o ennill bob tro, ac ar y pryd
Gwennan Evans, un o feirdd y Bragdy, oedd honno.

Ym Mragdy'r Beirdd yng Nghaerdydd
cewch gerddi caeth a rhai rhydd,
siot o'r dwys a swig fach fudr,
a chewch gorrach lond eich gwydr.

Yno, fe gewch chi ganu'ch cân
i brifardd sydd 'di molchi'n lân.
Cewch rannu'r llusg, y groes a'r draws
neu stori fer, sydd dipyn haws.

      Bragdy'r Beirdd! Lle mae'r gwirion i gyd
      yn chwil ar awen beirdd di-hid.
      Bragdy'r Beirdd! Lle mae'r brag yn agor
      drysau dychymyg i chi ym mhob tymor.

Ym Mragdy'r Beirdd mae'r chwerw'n felys,
dim un gerdd gan 'anhysbys'.
Hyd yn oed y limriga mân,
gwyddom oll mai'r bardd oedd Gwennan.

Bragdy'r Beirdd! Lle mae'r gwirion i gyd
yn chwil ar awen beirdd di-hid.
Bragdy'r Beirdd! Lle mae'r brag yn agor
drysau dychymyg i chi ym mhob tymor.

Erbyn hyn mae'r Bragdy'n llawn:
mwy o feirdd, ond yr un yw'r ddawn.
O boen y byd i gerdd ddi-chwaeth,
fedar petha ddim mynd dim gwaeth.

Bragdy'r Beirdd! Lle mae'r gwirion i gyd
yn chwil ar awen beirdd di-hid.
Bragdy'r Beirdd! Lle mae'r brag yn agor
drysau dychymyg i chi ym mhob tymor.

Anni Llŷn

Cywydd y gwin

Mi ganaf am y gwinoedd:
noson fel hon, seiniaf floedd,
oherwydd gwell na chwrw
na medd neis, wel, meddan nhw,
gwell, bron, na jin a tonic
i ddyn gael ymfeddwi'n gwic
ar win coch – yn wir, rwy'n cîn
i rannu mawl y grawnwin.

O Tesco maen nhw'n tasgu,
ffoi'n un lleng o'r silff yn llu
a dod i'm cyfarfod i:
bataliwn o boteli.
Piti eu bod mewn potel:
dwi'n ddoeth i'w hyfed yn ddel.

Dyna chi berl yw'r Merlot;
caf i wefr o'i fouquet fo,
a ffond wyf o'r Zinfandel,
y mae'n biwti mewn botel.
Rwyf i'n gonnoisseur o fardd –
rwy'n anferth o rawnwinfardd.
Myn cebyst, yr wy'n dyst da
i orwychedd Rioja,
blas drud, hefyd, ar Cuvée,
sbesial yw blas Beaujolais.
Rhwyda' hud yr hen Bordeaux,
yna'n ddawnus, ei ddownio.

Siarad nawr mae'r Chardonnay:
beryg y daw y bore …

* * *

Oriau yn ddiweddarach,
cur yn ben sydd gan ben bach,
a'r pen yn fawr. Poenau fil,
y damchwa wedi ymchwil
i amrywiaeth maeth y medd:
cur, dolur eu dialedd,
a mawr, mor fawr yw fy ing
o reslo efo'r Riesling.
Nid 'bore da' ddwed Bordeaux,
dod i'm herlid mae Merlot
a minnau'n wael – blwmin ec,
am helbul ges â'r Malbec!
Och! Adfyd i sychedfardd
yw chwydfa dros borfa bardd.
Cas iawn – er y llyncais o,
'n ei ôl daeth Tempranillo.
Hen win sych yw'r Cono Sur;
igiaf 'rôl Calon-Ségur.
Y sŵn ddaw 'rôl noson dda
yw'r rhech ar ôl Rioja,
a mwy cudd ydi'u rhuddin
wedi'r holl wydrau o win.
I'r trwm ei ben, i'r henwr,
gwell clod i ddiod o ddŵr.

Llŷr Gwyn Lewis

Meddwi yn y Bragdy

Gan Aneirin Karadog

Mae bron i chwe blynedd wedi treiglo ers i fi ddatgan fy ngherddi am y tro cyntaf yn un o nosweithi Bragdy'r Beirdd. Bryd hynny, roedden nhw'n digwydd yng Nglanyrafon mewn clwb i rastas o'r enw Rockin' Chair. Lle da i gadeirfeirdd 'falle! Ond curiad y gynghanedd oedd i'w glywed, yn hytrach na reggae, a pherarogleuon cerddi oedd yn llenwi'r ffroenau yn hytrach na'r mygyn sy'n anghyfreithlon i bawb nad yw'n rasta.

Ond roedd yna deimlad anghyfreithlon i'r noson. Teimlad fod barddoni (sylwch, nid barddoniaeth, y gair oeraidd a marwaidd hwnnw, ond y ferf ddeinamig a bywiog, 'barddoni') yn y Gymraeg yn mynd y tu hwnt i'w gysurle traddodiadol. Nid ymryson 'slawer dydd yn un o ffermydd Dyffryn Conwy, ond barddoni byw i'r ddinas gael ei fwynhau a'i groesawu i'w mynwes fel rhywbeth y gallai trigolion Caerdydd ei ddisgwyl yn gyson. Sylwch hefyd fod Bragdy'r Beirdd yn ymbellhau oddi wrth y gyfundrefn hynod Gymreig a Chymraeg honno o osod barddoni a'r celfyddydau mewn cystadleuaeth. Nid stomp mo'r bragdy, lle bydd un bardd yn drech na'r gweddill a'r gynulleidfa yn gaib ar ddoniolwch ei gerddi, ond noson lle gall y gynulleidfa ddisgwyl yr annisgwyl, gan nad yw'r bardd, o reidrwydd, yno i'w plesio. Nid yw yno i ennill eu pleidleisiau nac i ddarllen pwt a fydd yn plesio rhyw feuryn. Mae'r bardd yno i rannu darnau ohono'i hun gyda'r gynulleidfa, gan ymddiried yn y gynulleidfa i ymddiried ynddo (neu ynddi).

Er Hydref 2015, rwyf wedi bod yn ymchwilio ar gyfer gradd PhD mewn ysgrifennu creadigol ym Mhrifysgol Abertawe, gan geisio ateb y cwestiwn 'Beth yw'r berthynas rhwng y bardd, ei gyfrwng a'i gynulleidfa?' Wedi tair blynedd o astudio ac ymchwilio, mae'n anodd dweud beth yw'r ateb! Ond cwyd sawl cwestiwn pellach o'r ymchwil, fel: o ba le daw'r wefr fwyaf i fardd? Ai o gyfansoddi cerdd, neu o ddatgan cerdd gerbron cynulleidfa fyw? Yn bersonol, os oes rhaid imi ddewis, yna dywedwn fod y wefr fwyaf yn dod wrth greu'r gerdd. Ond mae gwefr, yn gymaint â braw, i'w chael o ddatgan cerdd gerbron cynulleidfa fyw, a gweld i ba raddau y llwyddais i fel bardd i drosglwyddo fy neges.

Pan berfformiais am y tro cyntaf yn y Bragdy, roeddwn newydd gyhoeddi fy nghyfrol gyntaf, *O Annwn i Geltia*, ac felly wedi profi sawl gwefr wrth greu'r cerddi ac yna'r wefr o weld y gyfrol wedi ei chyhoeddi. Ond yna daeth cyfle i ddatgan ambell gerdd ohoni yn y Bragdy: un o'r troeon cyntaf i mi gael datgan fy ngwaith ar fy mhen fy hun – hynny yw, lle'r oedd y gynulleidfa yno i glywed gen i a hynny nid fel un o blith sawl bardd arall ar y noson.

Roedd yna bwysau felly i ddatgan yn eglur ac i ennyn ymateb, pwysau i geisio gwerthu ambell gopi wedi'r perfformiad, ac er mwyn gwneud hynny, roedd pwysau i argyhoeddi bod yna gerddi gwerth eu darllen yn nhawelwch y cartref wedi'r noson (ac yn ôl y diweddar Bobi Jones, mae pob darlleniad a wneir gan ddarllenydd yn berfformiad o gerdd). Os cofiaf yn iawn, dewisais ddarnau caeth, ar y cyfan, i'w datgan ar y noson. Hefyd, darnau go ysgafn eu pwnc, yn gymysgedd o ddatgan am y Dalek a rapio am yfed te. Trodd y braw yn fwynhad ar y noson, ac fe'm hanweswyd gan y gynulleidfa yn hytrach na chael fy nhynnu'n ddarnau.

Ond dysgais am natur y gynulleidfa arbennig hon, o fod wedi mynychu ambell noson Fragdy wedi hynny, a mentrais ddewis datgan cerddi nad oeddynt yn mynd am y chwerthiniad – rhai a oedd yn ymdrechu i ddweud y 'rhywbeth o werth' sydd yn y pen draw yn gwneud cerdd yn gofiadwy, ac os nad yw cerdd yn gofiadwy, yna nid yw hi'n bod. Dyna a wnes yr eilwaith imi berfformio yn 2015, a chefais fod y gynulleidfa'n gwerthfawrogi hynny cymaint â cherddi adloniannol, ysgafnach eu naws, sydd hefyd, wrth gwrs, yn haeddu eu lle ym mynwes ein cynulleidfa farddol fodern.

Bragdy'r Beirdd yn cyflwyno...

MR PHORMULA

ANEIRIN KARADOG

Beirdd y Bragdy

DJ Meic P

8pm
Nos Wener
3 Gorffennaf 2015

Columba Club,
Heol Llandaf,
Caerdydd

YN DIWALLU SYCHED CYMRU

BRAGDY'R BEIRDD

ERS OES PYS

Daeth teithiau barddol i'w bri rhwng yr wythdegau a throad y mileniwm, ac yng nghanol yr anterth daeth hefyd lwyddiant i nosweithiau Cywyddau Cyhoeddus, lle gwelwyd nifer o'r beirdd taith a beirdd nas cysylltid â theithio yn dod ynghyd mewn lleoliadau sefydlog. Dyma'r model amgenach o farddoni byw y mae'r Bragdy'n ei ddilyn, ac yn wir wedi ei berffeithio. Fy nymuniad yw gweld y Bragdy'n para am byth, ond gwyddom yn iawn nad yw unrhyw beth yn para am byth. Pan ddaw'r Bragdy i ben, felly, byddaf yn gobeithio nad yw'n gadael gwacter ar ei ôl, a'i fod yn ysbrydoliaeth i'r to nesaf o feirdd a chynulleidfaoedd (gan na all un fod heb y llall) a'u bod yn gweld cyfle i feddwi ar gerddi am ganrifoedd i ddod, a hynny trwy gyfrwng y gynghanedd a'r Gymraeg.

> **"** Ces i fy ngwahodd i ddarllen fy ngherddi a ddaeth yn agos at ennill y Goron yn Eisteddfod y Fro, 2012. Yr hyn dwi'n ei gofio fwyaf yw'r awyrgylch gynnes ac anffurfiol yr oedd Osian Rhys, Rhys Iorwerth a Catrin Dafydd wedi ei chreu. Roeddwn yn teimlo bod y gynulleidfa feddw ond diwylliedig a hwyliog eisiau bod yno ac yn gwerthfawrogi'r hyn yr oeddwn yn ei ddarllen. Sesh barddol yw'r noson mewn gwirionedd ac mae hynny'n beth grêt gan fod y noson a'r mwynhad yn parhau ymhell ar ôl i'r beirdd gael eu taflu allan o'r lleoliad (Tafarn y Nos Da ar y pryd). Ges i fy nhalu mewn gwin a dwi ddim yn cofio sut es i adre. **"**

MARI GEORGE

Diawl o ffeit yn Bala

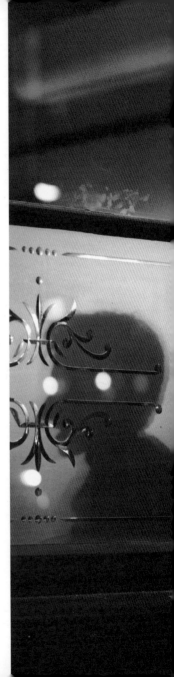

Un hwyrnos ym Meirion i dafarn gysurlon
y des yn ŵr rhadlon. Wel dyna i chi le:
rhyw foi od o Langwm yn rhigian yn bendrwm
a dynes ar opiwm ddim cweit yn ocê.

Y mamau go nobol yn reit anghyfrifol
yn trefnu cân actol ar fyrddau bach pren
a dyn o Lanuwchllyn yn chwil ar Benderyn
yn ailadrodd englyn gan fwydro fy mhen.

Y ffarmwrs yn ordro deg peint ar ôl godro,
yn siarad am 'shagio y *birds* yndê, wa'.
Rhyw ferch o Langollen yn ymddwyn fel c'lomen
wrth wneud dawns y glocsen yn chwifio ei bra.

Ac wedyn o nunlla daeth tri gŵr o'r Bala
oedd am gynulleidfa rownd ochor y bar,
a hogyn o Cerrig na chymrodd ei ffisig
yn nesu'n sigledig a'i sgwyddau yn sgwâr.

Ar hynny yn hirben daeth pedwar o Gorwen
a landio'n ddiangen yng nghanol y drin
a chriw o Ddolgellau a dau lanc o'r Sarnau
heb ran yn y dadlau a gododd yn flin

gan dasgu sbrê Strongbo dros ben Marged Caio,
'Y twats!' sgrechiodd honno, a lluchio ei jin.
I drio heddychu daeth boi o dde Cymru,
'Nawr bois,' meddai'n crefu, 'ni'n ffrindie man hyn.'

'Ffoc off, ffycin hwntw,' medd llais uwch y twrw
ac arwydd oedd hwnnw i bethau droi'n flêr.
Mewn dim roedd melinau o freichiau a gwydrau,
ciws pŵl a chadeiriau yn syrthio fel sêr.

Ac yna gwich-sgrechian teiars pic-yps tu allan
a'r ffeit yn sŵn seiran yn powlio i'r stryd.
Y dafarn oedd rŵan fel Neuadd Gynddylan
a finnau'n fy unfan yn gegrwth a mud.

Roedd sawl un heb ddannedd a'r meddwyn bach rhyfedd
o Langwm yn gorwedd ar lawr yn *k.o.*
Y barmed yn crio ond wel, dyma drio
cael un peint bach eto. Roedd hynny'n *no go.*

Mewn tristwch mawr felly dychwelais i'm llety
gan weld fy nghyd-Gymry ar wasgar trwy'r dre,
cyn codi fy nghalon un hwyrnos ym Meirion:
doedd yna ddim Saeson yn agos i'r lle.

Rhys Iorwerth

Un cyn ei throi hi,
Llanddewi Nant Hoddni

Dyma lle daw'r lôn i ben heb roi dewis inni:
un o'r llefydd sy'n mynnu d'atgoffa bob gafael
o rywle neu rywbeth arall; fersiwn o hen lawysgrif,
pileri fel haneri cwpled cywydd,

clwystrau sy'n atsain egwan o'r bryniau o'u cwmpas
a'r dafarn fechan sy'n swatio'n ei selerydd
fel llyfr yn cau amdanom, yn bownd o adleisio'r
noson pan ddois i o'r lôn uniongred drwy'r Mers

a'i distawrwydd a'i dagrau a'i horiau crog
i ehangder a golau a chlebar y Lansdowne
efo 'mrawd a'i gariad. Er ei throadau
roedd hi wastad am arwain i fanno'r noson honno.

Ond do'n i ddim wedi disgwyl i bawb oedd yno
fod wedi dal ati â'u byw, a ninnau ar stop:
y criw o Flaenafon ddaeth lawr i werthu'u cwrw,
y Canton *born-and-breds* a'u 'a' cyn leted â'r lôn,

a'r mwydryn a fynnai nad yw Cymru go iawn yn bod i'r de o Fôn:
oll heb weld eu bod nhw'n fyw, heb ddallt eu bod yn genedl,
heb wybod be allen nhw fod yn eu hamrywiaeth hardd.
A rŵan 'mod i'n chwil, rhwng dau beint a rhwng dau feddwl,

gad imi gael un bach cyn ei throi hi, un at y lôn,
'mlaen at dŷ gwag, at ddagrau, ac at leisiau
sy'n llechu fel lladron ar beiriant ateb.
Neu 'nôl i Landdewi, i yfed ei hochor hi

o gwrw brag a'i flas fel llwch hen lyfrau:
nid i ddianc rhag y byd, ond dychwelyd iddo
o gymun, a'i weld ar i waered, heb ei lonydd culion,
â llygaid meirw, meddw: â golwg Cymro.

Llŷr Gwyn Lewis

Saer oedd yr Iesu

Saer oedd yr Iesu,
gweithio'n siop oedd ei fam,
ac yn Butlins oedd ei dad o yn yr ha'.

Roedd gan y cr'adur weithdy
tu ôl i festri capel Salem
a digon symol odd 'i waith o, os cofia i'n iawn.

Mae'r gweithdy yno o hyd
ac yn llawn o blydi geriach
er ei fod o, fel y capel, 'di hen gau.

Fe farwodd gaea llynedd,
ar ôl noson yn y Meitar
yn yfad siandi yn y gongol ar ben ei hun.

Fe ga'th hartan ar y pafin,
a fanna roedd o bora wedyn
wedi marw rhwng giât ffrynt a drws y tŷ.

Fe welodd Mam yn y *Daily Post*
mai ym Mangor oedd y cnebrwng.
Angladd breifat. Dim emyna, ac mae sôn

fod o'n filionêr, a fynta
wedi byw ar ddim drwy'i ddyddia,
a bod y pres 'di mynd at gefndar draw yn Stoke.

Pan o'n ni'n blant, dwi'n hannar cofio
gweld y tylla yn ei ddwylo
pan fyddai'n cynnig fferins o'i ofarôls.

Y tro dwytha 'nes i weld o
roedd o'n hercian lawr Stryd Llygod,
dwi'm yn meddwl 'nath o nabod fi, deud gwir.

Roedd ei groen o'n llac a melyn,
ac ogla piso yn ei ddilyn
a na, 'nes inna'm traffarth deud helô.

Saer oedd yr Iesu.
Dim bod ots am hynny bellach.
Hen beth rad oedd ei arch o, glywish i.

Gruffudd Owen

Berwyn o'r Bermo a'r bywyd bodlon

Bu Berwyn yn byw'r bywyd bodlon yn Bermo ers blynyddoedd. Yn byw â'i briod Bethan mewn bynglo braf. Bygyr ôl i'w boeni o'n y byd. 'Braaaaf,' bendithiai Berwyn bob ben bora, 'byw fel brenin ar ben y bryn uwchben Bermo. Be well?'

Er bod brêns yn ei ben, barman oedd Berwyn yn y Barmouth Bell. Rhyw bỳb llawn bois boliog heb brosbects na bywoliaeth, yn byw o beint i beint heb allu i bwlio benywod byth. Y bois a'u bath fu'n byw'n eu bro heb waith, heb alwedigaeth, heb obaith, heb iaith, heb bygyr ôl heblaw'r Barmouth Bell.

Go brin y byddai *birds* Bermo yn brasgamu trwy borth bychan y Barmouth Bell. 'Hen bỳb i byrfyrts budur Bermo 'di'r Barmouth Bell, a'i bersawr fel biswail. Boring!' bytheiriai benywod wrth basio'r hen Bell.

Berwyn oedd bennaf o'r barstaff gan y bois bob un. Hen ben oedd Berwyn wrth bwlio'r holl beintiau o Brêns, Blackthorn, Beck's, Budweiser, Berghoff, Big Bucks, Boddingtons, Brenin Enlli, Big Easy Beer, Blue Moon, Burgerbrau a Butty Bach; bu bob tro beth wmbreth o bympia'n y Barmouth Bell.

Byddai Berwyn yn rhoi'i bardwn i bob un o'i bis-heds, be bynnag y bo'u bai. O biso ar y bar, bygwth blowjobs i Benji'r Bwldog, i baredio'n borcyn i bendwmpian ar ben y bwrdd. Boi bendigedig o bwyllog oedd Berwyn, boi bro, yn wybodus am be oedd be. A byddai'i bis-heds yn ei barchu.

Be welodd Berwyn a'r bois rhyw bnawn braf oedd BMW brenhinol a bochdew boliog yn brolio'i bris, a'i barcio ar bwys y Barmouth Bell. Fe boerodd y bechgyn: 'Bolycs. Blydi Brymis blynyddol Bermo.'

Roedd braster yn byljo o bob bwlch wrth i'r Brymi a Brenda, ei *blonde* bropor, binc, ei bustachu hi at borth bychan y Barmouth Bell. 'Barmouth Bell, bloody beautiful building, babe.'

Brasgamodd rhyw bâr rhy benuchel i barlwr y Barmouth Bell, beirniadasant y byms wrth y byrddau a blitsio rhyw borsiwn o'r bar i barcio'u bodolaeth bwysig. 'Barkeep, bring your better a Boddy and a Bloody Mary.' Berwodd Berwyn wrth bwmpio'i beint i'r Brexitiwr bychanol.

Byrpiodd y bostfawr trwy'i beint wrth barablu'n ddi-baid am eu bywyd balch, breintiedig. 'Better Barmouth for belching my boastful bullshit. Baaahh!' Bodiodd Berwyn ei bowtsh baco. Un bach i bwyllo, barnodd. Bonheddwr oedd Berwyn. Byrpiodd y Brymi a byrpiodd o'i ben-ôl: barnodd y bobl, bygythiodd, bwytaodd bob barsnac beunyddiol yn y Barmouth Bell a bytheiriodd am bris ei beint. 'Barkeep, where are the bogs, bloody bursting,' blyrtiodd yr hen benci.

Aeth Berwyn i bendro. Yn y bogs? Fe benderfynodd mai yn y bogs y byddai'n boddi'r bastad barus unwaith ac am byth. Bloeddiodd Berwyn wrth bwsio trwy byntars a byrddau i'r bogs, 'Bastaaad!' Byrstiodd Berwyn trwy borth y bogs, ble, yn bisiwr balch uwch basin, roedd y Brymi.

Bwriodd ei ben gyda'i bawen bwerus. Bachodd ben brasterog y Brymi (oedd heb wallt) a barjo tua'r bog budur. Fe blymiodd ben y Brymi bonllefus ('Barman, you're barmy') i ben isa'r biswail.

Blblblblblblblbl. Blblblblblblblblblbl, boddai'r Brymi. Fe bwyllodd Berwyn cyn i'r Brymi hel ei bac am Burdan. 'Bygyr off!' bloeddiodd Berwyn gan bwyntio, a blybiodd y Brymi fel babi, 'Brenda, Baaabe!' cyn baglu o'r bogs. Yn y bar, fe benderfynodd bechgyn y Barmouth Bell baredio'n borcyn i Brenda, nes bod *bird* y Brymi yn bolltio *bee-line* trwy borth y Bell am ei BMW.

Bellach, heb bygyr ôl i'w boeni o na Bethan yn y bynglo braf, na'r bois yn y Barmouth Bell, fe benderfynodd Berwyn brynu rhyw beint i'r buddugwyr yn y bar i bob un gael bloeddio ar y Brymis, o bell, 'B-bye!'

Osian Rhys Jones

BRAGDY'R
BEIRDD YN
CYFLWYNO...

GRUFFUDD ANTUR

BEIRDD Y
BRAGDY:
RHYS IORWERTH
GRUFFUDD OWEN
LLŶR GWYN LEWIS
OSIAN RHYS JONES

DJ ELIN ROWLANDS

CANTON SPORTS BAR
8PM, 9 HYDREF 2014
MYNEDIAD: 3 PUNT

WWW.BRACDYRBEIRDD.COM

Pa gur yv y porthaur?

(cywydd a gyflwynwyd mewn noson Bragdy'r Beirdd yn rhan o Tafwyl)

'Su mai!'
'Oh, erm, excuse me?'
'Sir, I'm extremely sorry. Come in for a look.'
'I might.'
'Da iawn.'
'Is it a hen night?'
'A hen night?! Oh, you're funny. Oh, my word, you tickle me.
This is Llandaf! It's Tafwyl – a gig that's branded a gŵyl!'
'What's on, then? Is there any highlight that might interest me?'
'Well, I'll tell you – Y Talwrn!'
'Oh, bards? I would rather burn on a cross.'
'But Ceri Wyn's a moreish, famous meuryn!'
'No, he's not – he's a snotty little bard.
I'll let you all be if that's all you have, Tafwyl.'
'Fair enough, ran hynny. Hwyl!'

Gruffudd Antur

BRAGDY'R BEIRDD YN CYFLWYNO...

MARI GEORGE
GRUFFUDD OWEN

BEIRDD Y BRAGDY :
CATRIN DAFYDD
OSIAN RHYS JONES
RHYS IORWERTH

DJ GERAINT CRIDDLE

8PM NOS IAU

27 MEDI 2012

MYNEDIAD AM DDIM

ROCKIN CHAIR
GLAN YR AFON
CAERDYDD

YN DIWALLU SYCHED CYMRU
BRAGDY'R
BEIRDD
ERS OES PYS

WWW.BRAGDYRBEIRDD.COM

Noson 'Iolo!'

Gan Catrin Dafydd

Roedd Iolo gyda ni o'r cychwyn, dwi'n sicr o hynny. Yr haf cyn Eisteddfod Bro Morgannwg, 2012, oedd hi, a Rhys Iorwerth, Osian Corrach a fi wedi bod yn sgwrsio'n gyson dros fisoedd y gwanwyn am gynnal digwyddiad cyntaf Bragdy'r Beirdd yn yr Eisteddfod Genedlaethol. Roedd y Bragdy wedi ei sefydlu, ond hwn fyddai ein digwyddiad cyntaf adeg yr Eisteddfod. Roedd pawb ohonom yn cofio'r oes aur pan fyddai tafarndai lleol yn ardal y Brifwyl yn orlawn a gigs a digwyddiadau barddol yn ganolbwynt i'r calendr eisteddfodol. Dyna oedd arnon ni eisiau ei ail-greu. Digwyddiad annibynnol fyddai'n cyfrannu at sin ffrinj yr Eisteddfod. Digwyddiad fyddai'n rhoi lle canolog i farddoniaeth, chwedl Rhys.

Bob nos Sadwrn am sbel cyn hyn dwi'n cofio i'r tri ohonom weld ein gilydd ddiwedd nos yn Dempseys a gomio yn ein diod am y posibiliadau. Ac o'r fan honno (hyd y gwn i) y daeth y syniad. Noson o farddoni yn enw Iolo Morganwg, yr arwr o Fro Morgannwg a freuddwydiodd yr Eisteddfod yn wir.

O ganlyniad, trefnwyd dim llai na reci swyddogol i chwilio lleoliad (wel, man a man oedd gwneud, yntê!) a bant â ni'n tri am noson o hwyl yng nghwmni Andrew Williams (ffrind Rhys) a'n helpodd ni i chwerthin lond ein bolie. A hithau'n noson desog o haf, dwi'n cofio inni stopio yn y Bont-fa'n ar ein ffordd i chwilio am leoliad siop enwog Iolo. Gwaetha'r modd, caffi Costa sydd yn yr adeilad erbyn hyn – a dyma oedd testun fy nghân ar noson Iolo. Ond yn ôl at y reci. Cyn diwedd y nos, a ninnau wedi chwilio sawl tafarn, a phawb ond y *chauffeur* (sef fi) wedi cael boliad o gwrw, fe ddaethon ni o hyd i'r Hen Hydd Gwyn. Hen dafarn o'r bymthegfed ganrif – rhywle yr oedd rhai ohonom yn tybio y byddai Iolo ei hunan yn ei gyfnod wedi'i fynychu. Ni feirdd, yntê, yn mynnu chwilio'r stori ymhobman!

Cyn inni droi, roedd y noson wedi cyrraedd. Doedd ond gobeithio y byddai'r hyrwyddo a'r postera gwyllt wedi cael effaith. Diolch i'r drefn, roedd y dafarn fechan dan ei sang a rhyw naws drydanol yno rhywsut. Rhai eisteddfodwyr yn methu dod i mewn hyd yn oed, a'r rheini, am wn i, yn gorfod joio'r naws a seiniau'r barddoni o'r stryd!

A dweud y gwir, digwyddodd ambell i beth digon rhyfedd yn ystod y noson. Aeth y system PA yn bysýrc sawl gwaith ac Osian Corrach yn gorfod ceisio cadw rheolaeth ar yr amp. Bron na fedrwn daeru fod Iolo gyda ni – yn mynnu tynnu sylw at y ffaith ei fod yno'n gwrando. Efallai, hyd yn oed, yn ceisio rhoi sêl ei fendith ar y ffaith ein bod ni wedi trefnu'r noson yn ei enw. Fe grybwyllais i hyn yn chwareus wrth Yr Athro Geraint Jenkins ar y Maes y diwrnod wedyn ac fe ledodd gwên lydan ar draws ei wyneb. Oedd y peth yn bosibilrwydd felly?!

Anghofia i fyth yr haf hirfelyn tesog hwnnw, na'r noson honno yn yr Hen Hydd Gwyn. Roedd yn gychwyn hefyd ar gyfres o nosweithiau llwyddiannus y Bragdy yn ystod wythnos yr Eisteddfod. A hir oes i hynny!

Erbyn hyn, mae Rhys Iorwerth wedi dychwelyd i Gaernarfon ac fe es innau ar fy hynt i Gaerfyrddin cyn hyntio 'nôl. Ond mae un o feirdd gwreiddiol y bragdy fel craig yr oesoedd, ac Osian Corrach yw hwnnw. Mae'r Bragdy'n lwcus ohono. Dros y blynyddoedd daeth eraill i fragu'r farddoniaeth hefyd a'u llond nhw o afiaith a thalent, ond fe erys yr haf hwnnw, a noson Iolo, yn fy nghof. Mae llond llaw o hafau'n hiraethu ynon ni i gyd, ac i mi, roedd hwnnw'n un ohonynt.

> " Wrth ddewis lleoliad ar gyfer y Bragdy, dwi'n cofio bod un dafarn yn addas ond ei bod yn llawn Jac yr Undebs! Roedd perchennog yr Hydd Gwyn yn Llanilltud Fawr yn ŵr rhadlon a chlên a'i wyres bellach yn cael addysg ddwyieithog mewn ysgol leol ... "
>
> **OSIAN RHYS JONES**

Iolo!

Sesiwn i ddathlu campau a rhempau
Iolo Morganwg

Caneuon a cherddi gan:

Aneirin Karadog / Ifor ap Glyn / Osian Rhys Jones /
Iwan Rhys / Nici Beech / Catrin Dafydd / Twm Morys /
Eurig Salisbury / Gwyneth Glyn /
Geraint Lovgreen / Karen Owen /
Rhys Iorwerth / Mari George

Ynghyd â Iestyn ap Rhobert ar y Pibau

Yr Old White Hart
Y Sgwâr,
Llanilltud Fawr

8PM Nos Fawrth
7 Awst 2012

Mynediad:
£3 wrth y drws

Iolo

Oedd, mi oedd Iolo yn gwmni i ni yn yr Hen Hydd Gwyn ym mis Awst 2012.
Siawns bod y rhan fwyaf ohonom yn adnabod Iolo Morganwg, yn anad dim, fel
ffugiwr – label sy'n gywir mewn sawl cyd-destun, wrth gwrs, ond efallai nad oedd
pethau mor ddu a gwyn â hynny, chwaith.

Mae gwreiddyn y gair Saesneg 'genuine' yn y Lladin 'genuinus' (genu = glin).
Defnyddid y gair hwnnw hefyd i ddisgrifio hen ddefod lle byddai tad yn cydnabod
tadolaeth plentyn drwy ei osod ar ei lin.

Onid defod debyg a gyflawnodd Iolo wrth feithrin y diwylliant Cymraeg? Yng
nghred ddiwyro Iolo, nid oedd ef yn ddim ond y diweddaraf o linach gwir Feirdd
a Derwyddon Ynys Prydain, ac nid oedd ei greadigaethau yn ddim mwy na
chreadigaethau'r derwyddon yn llunio'r Trioedd ganrifoedd lawer ynghynt.
Roedd traddodiad llafar yr hen Gymry yn ei deall hi; dim ond yn ein byd cyfoes ni
o destunau ysgrifenedig y datblygwyd obsesiwn ynghylch gwir a gau. Efallai mai
Iolo sy'n iawn wedi'r cyfan ...

Gosodais y chwedl hon ar fy nglin;
er ei bod cyn hyned, yn y weithred o'i meithrin
a chribo pob derwydd a dewin

o glymau ei gwallt mae'i hieuenctid yn deffro,
nes iddi adrodd ei Thrioedd eto
ac enwi'r defodau, nes dechrau eu cofio.

O roi iddi'r wyddor ar beithynen,
clywais egin geiriau'n blaguro'n awen
a niwl ei llygaid yn gwasgaru'n yr heulwen.

A chyn hir fe fynnai hithau fy arwain
o Lancarfan bob cam i Lundain
nes cyrraedd yn flin gyda'n gwallt brain

a cherrig yn llenwi'n pocedi ...

Ac roeddem yn morio yn hwyl ein cwmni
am fod y chwedl a'i holl gymeriadau hi
yn deall mai stori yw stori,

yn mynd fel cusan o enau i enau
a'i bod rhwng ein cred a'n gobaith ninnau
yn cael hyd i'w llais, yn goglais a chwarae,

am mai dim ond ar dudalen
y mae ffuglen a ffaith
yn cornelu'r hanesion sy'n cynnal iaith.

Ac fel hynny, gyfeillion,
y mae saernïo'n breuddwydion
a'u cludo nhw gyda ni ar y lôn,

a cherrig yn llond ein pocedi.

Osian Rhys Jones

Cywydd chwit-chwat y tatŵ

Brifo oedd pob bref o ing
a heriai 'mod i'n *boring*,
un â'i sbri mewn cerddi caeth
a'i enaid mewn barddoniaeth.
Nid *boring*, dybiai Aron,
dwli hurt yw'r ddadl hon!
Gŵr â *grit*, un *with-it* wyf!
Cŵl dŵd! Boi caled ydwyf,
un â chlatsien i'w enw'n
dweud at hyn y câi datŵ,
yn dweud mai'i fwriad ydoedd,
ar ei gorff, roi inc ar goedd.

Diedifar yn barod,
yna troi am City Road,
ond i'r un sy'n crwydro'r *edge*,
isie cwrw *Dutch courage*
cyn yr ymgais. Saethais i
i le rŷff, lawr i'r *offie*
tua'r cyrb. Tri chwarter can
a yfais (dyna'r cyfan).
'Mlaen heb stop i'r siop yn siŵr.
Pa arlwy sy'n y parlwr?
Mae orielau amryliw,
lluniau'n dapestrïau'n driw:
enw gwraig. Hen arfbais gron
o glasur Adar Gleision.
Calon letgam â 'Mami'
yn arwydd hardd drwyddi hi.

Llun penglog uwch rhyw fogel.
Dyddiadau ddoe, doed a ddêl,
a sawl hen figwrn solet
fynnent oll fod 'love and hate'.

Yna, Vince a ddaeth i'r fan.
Vince hynod. Vince ei hunan.
Vince a'i farf hynawsaf o'n
hir-estyn, ac inc drosto,
Vince â'i floedd yn cyhoeddi
taw Vince a datŵiai fi.
O'm calon, daeth cais gonest
am eiriau oes ar fy mrest,
am gynghanedd i'm meddiant
na ŵyr byth mo'i rhwbo bant,
gofyn o'wn, a ga i fan hyn,
'Y Ddraig Goch Ddyry Cychwyn'?
Tan 'y nghroen ('rôl tynnu 'nghrys)
yn ddiwyro o ddyrys
inciai Vince. Minnau'n winsio
a hithau'r awr yn ei thro'n
gri o wae, heb frawddeg rwydd
i'w dynodi â nodwydd.
Ni fedraf gofio edrych
heb ddim ond braw draw'n y drych.
Rywfodd, camddeallodd hyn:
'Y ddraig goch ddyry cychwyn'.
Arnaf, saith sillaf o sen:
'A dry cwtch dreary kitchen'.

Bloeddiais! Fe waeddais ar Vince,
'ni saif!' ac 'am siop siafins!'
'Your line – completely honest –
was to be a guess at best,'
surai Vince, ac es o'r fan
i'r gwyll, â'm rhethreg, allan!

Ond o gael fy enaid gwâr
yn ddi-ddig o faddeugar,
mynnaf Vince. Mwynhaf ei waith.
Ei hawlio wnaf yr eilwaith
i ddileu'r gynghanedd lol
ac yna, draig wahanol
y tro hwn, ni fentra i
roi geiryn all ragori
ar *lun*, a hynny'n union
heb y rwtsh, *llun* draig o'r bron,
a gwerth pob tamed, wedyn,
yw tatŵ mewn iaith gytûn!

Aron Pritchard

Selffi o flaen y graffiti

Bob dydd, am gyfnod, ro'n i'n cerdded i'r gwaith trwy barc ac ynddo wal hir yn llawn graffiti. Un diwrnod, roedd merch yno yn treulio munudau maith yn trio cael y selffi perffaith o flaen y wal graffiti. Wfftiais, gan feddwl ei bod hi'n ffôl, yn gwastraffu ei hamser yn gwneud y fath beth. Ond wrth gwrs, pwy ydw i i farnu? Hi yn unig a wyr pam yr oedd yn rhaid gwneud.

Mi wela i'r ferch yn y parc
ar ei thin,
ar ei thraed,
ar ei phen ei hun.

Selffi o flaen y graffiti.

Mae hi'n llun sepia o ferch,
yn ddi-liw,
rhyw hen serch.
Ond 'sdim dowt,
mae hon yn powtio
a'i phen yn gam, dwi'm yn amau.

Ond pam?
Pam hyn?
Yr osgo od sy'n golygu dim.

Ydi hi'n hapus?
Yn drist?
Yn weddol neu'n o lew?
Ydi hi'n holi 'sut wyt ti?'
Neu'n datgan yn syml,
'dyma fi.'

Ai'r selffi sy'n profi ei bod yn bodoli?

Rhyw dro,
mi gerdda i eto
a gyrru tecst yn holi 'ti'n cofio?'
ac anfon y llun atat ti.

Selffi o flaen y graffiti.

Anni Llŷn

45

Mis Medi

Mae'r babell yn ôl yn y sied
gydag ambell welltyn o'n hanturiaethau
yn swatio'n boeth rhwng y plygiadau blêr.
Y welingtons hefyd, wedi cael fflich am y tro;
mwd Môn yn gafael yn dynn yn eu gwadnau.

'Dan ni'n dal i 'chwarae haf' yn ein sandalau
tra bod tywod y traethau tramor
yn ffeindio'i ffordd mewn i leinin ein cesys.

Yn araf, daw sŵn y gloch i'n hysgwyd
o'n llesmair hir, a phrysurwn
i estyn dillad ysgol a rhoi min ar bensel.

Mae'r cloddiau a'r llethrau'n deffro hefyd
ac yn rhwbio'r haf o'u llygaid
i weld cleisiau piws y mwyar a'r grug.

Uwchlaw, mae awyr Medi'n hiraethu
am oglais y wennol,
a'r llanw'n chwyddo dan leuad drom;
y dynfa i'w theimlo.

Efallai y daw Mihangel â llyfiad cynnes
i'n cario tan yr hydref, ond, cyn hynny,
cyn i ni ddechrau meddwl am gau'r llenni'n gynt,
wrth i'r haul groesi o'r gogledd i'r de,
ac wrth i'r mis hwn ein gorfodi eto i feddwl am drefn,
cawn ddeuddeg awr o ddydd, a deuddeg awr o nos.

Byddwn i gyd, am ryw ennyd, ar ein hechel.

Casia Wiliam

Mae gen i siop bapure

Mae gen i siop bapure ar ben fy stryd fach i,
mae'n gyfyng ar y gore ond mae'n drysor, wyddoch chi.

> Ffal-di-ral-ral-di-ral-di-ro –
> y siop fach ore yn y fro ...
> ffal-di-ral-ral-di-ro.

Cewch bopeth rych chi'n 'mofyn – o *mature cheddar* i *cherryade*,
Domestos, lla'th a *custard creams*, mae'n berffeth, rhaid fi 'weud.

> Ffal-di-ral-ral-di-ral-di-ro –
> ma' llwch ar y poteli gwin ond fe neith y tro ...
> ffal-di-ral-ral-di-ro.

Es yno wythnos dwetha, yn diodde ar ôl sesh,
pan welodd y perchennog fi, wedodd e, 'Good gosh, what a mesh.'

> Ffal-di-ral-ral-di-ral-di-ro –
> nodyn i'r hunan – rhaid rhoi colur mla'n cyn 'neud 'na 'to –
> ffal-di-ral-ral-di-ro.

Ond ddoe, fe es i yno i brynu papur neu dri
a synnu'n fawr o weld boi bach clên yn gwenu arna i.

> Ffal-di-ral-ral-di-ral-di-ro –
> ai mab y perchennog ydi o?
> Mae'n itha ffit â'i lyged llo –
> ffal-di-ral-ral-di-ro.

A medde fi ... 'How much?'

A medde fe ...

'Ti eisiau bag am pump ceiniog?'

'Dim diolch,' medde fi, 'o'n i ddim yn deall
bo ti'n siarad Cymraeg, mae'n flin gen i.'

'*No worries*, ond oedd fi'n gweld ti'n cael *Y Cymro*,
mae Cymraeg fi dim yn da, fi'n dim gallu treiglo.'

A medde fi ...

'Paid poeni am 'ny, ma' dy Gymrâg di'n grêt ...
a bydd e'n gwella bob tro'r ewn ni mas am ddêt ...!'

'Nath wneud pethe bach yn *awkward*.

Ac yna'r bore wedyn wrth gerdded 'nôl o'r dre,
fe es i mewn i Tesco Express yn Grangetown, 'na chi le.

Pum dewis o goffi a ffrwythau ffresh,
a neb yno'n fy nabod i 'weud 'what a mesh',
a pheiriant talu sy'n siarad Cymrâg,
a thri am bris un, a *croissants* i fola gwag.

Mae'n bopeth 'wy'n haeddu, felly dyna fo ...
'wy'n gweithio'n *arse* i *off* drwy'r wthnos, *so there you go* ...

A bore 'ma fe glywais
fod y siop gornel 'di cau.
Mae'n debyg fod mab y lle 'di agor gwesty yn Dubai.

    Ffal-di-ral-ral-di-ral-di-ro –
    'dyw Tesco'm yn gwerthu'r *Cymro*,
    a so'r peiriant sy'n siarad Cymrâg yn gwenu 'nôl –
    ffal-di-ral-ral-di-ro.

Catrin Dafydd

Addurno

Tybed pwy ddewisodd y paent afocado
sy'n anharddu fy ystafell fyw?
Ai yntau fu'n gyfrifol am y *bidet* pinc
yn yr ystafell ymolchi hefyd?

Fy nhro i yw hi nawr.
Mae'r paent yn disgwyl amdanaf yn y tun ar dop yr ysgol.
Paent piws, union liw'r papur siocled
sy'n llawn addewid noson arian poced.

Gwlychaf flaen fy mrwsh i ddechrau
fel rhoi blaen bysedd fy nhraed yn nŵr y môr.

Ond wedyn, torchaf fy llewys
a dechrau paentio â strociau hyderus, amaturaidd
gan golli ambell smotyn piws
ar fy sanau,
fy ngwallt
a'r carped.

Mae'r waliau piws yn ddigon hy i chwerthin am ben
y waliau sy'n disgwyl eu tro.

Camaf lawr o'r ysgol a sefyll yn ôl
a'm breichiau'n crynu dan bwysau'r tun gwag.

Dywedodd Dad y byddai'r lliw'n rhy dywyll ...

Af ati i geisio tacluso rownd y rheiddiadur
a'r tu ôl iddo, yn cuddio mewn cywilydd,
gwelaf fympwyon lliwgar bywydau pobl eraill.

Gwenaf gan y gwn
y daw rhywun,
rhyw ddydd,
i ddisodli fy nghampwaith innau hefyd.

Gwennan Evans

Capel Rhyd-bach

A finnau wedi fy magu mewn ardal wledig ac mewn
cymuned a oedd yn ymwneud yn gyson â'r capel, rydw
i wedi sylweddoli dros y blynyddoedd mai 'chydig iawn
o synnwyr alla i ei wneud o grefydd y tu allan i'r cyd-
destun plwyfol hwnnw. Lôn droellog sy'n mynd trwy goed
Nanhoron tuag at Botwnnog lle mae'n capel ni, ond
unwaith i chi fynd heibio'r capel mae'r lôn yn sythu.

Pan mae'r awyr lwyd
i'w gweld rhwng y coed
sy'n ein harwain trwy Nanhoron,
a thymor ewyllys da wedi poetsio'r lôn,
gwn y bydd sglein y gaeaf
i'w weld rownd y tro
ar gerrig ffeind y capel.

Dwi'n crafu 'ngwar wrth agosáu.
Tinsel rhata'r atig
yn fy mhigo,
a finna'n trio datgan:
'newyddion da o lawenydd mawr'
wrth resiad o bennau mewn llieiniau llestri patrymog.

Roedd y stori'n syml yr adeg honno,
a'r patrwm yn daclus.

Ond yn y munudau hynny,
wrth i dro'r lôn
orfodi tro'r cof,
dwi'n sylweddoli
mai cymhlethu wnaeth y cyfan.

Aeth stori'r geni'n amheus.
Aeth patrwm y llieiniau
yn ddryswch.

Yr un oedd y geiriau
ar hyd y blynyddoedd,
ond crafu gwar
yn betrusgar.

'Newyddion da o lawenydd mawr?'

A'r marc cwestiwn fel staen.

Ydi,
mae'r lôn yn droellog
rhwng coed Nanhoron a Rhyd-bach,
ond wedi 'mi weld sglein y gaeaf ar y cerrig,
mae hi'n sythu,
ac mae'r stori'n syml eto.

Anni Llŷn

Cynulleidfa ifanc-brydferth y Bragdy

Gan Geraint Jarman

Profiad arbennig a gwylaidd oedd cael y cyfle i ddarllen rhai o'm cerddi yn un o gigs Bragdy'r Beirdd. Cefais fy ngwahodd gan yr awdur, y bardd a'r gomediwraig Catrin Dafydd. Rydw i wedi bod yn ffan ohoni hi a'i gwaith erioed, felly doedd dim i'w wneud ond derbyn ar fy union.

Roedd lleoliad y gig yn bwysig a pherthnasol i mi, sef y Rockin' Chair ar Lower Cathedral Road yng Nglanyrafon, Caerdydd. Arwyddocâd y lleoliad hwnnw oedd ei fod nid nepell o'r tŷ a'r stryd (Brook Street) lle cefais fy magu hyd nes roeddwn yn dair ar ddeg oed. Wrth droedio'r pafin, dwi'n siŵr fy mod wedi profi rhyw fath o chwip cydamseredd arwyddocaol neu berthnasol. Hynny oherwydd imi basio'r fangre honno sawl tro wrth chwarae neu wrth fynd tua'r man ymgasglu ar Neville Street i gael ein tywys i Ysgol Gymraeg Bryntaf yn Llandaf dro yn ôl. Felly roedd gwneud gig Bragdy'r Beirdd yn y lleoliad hwnnw yn golygu llawer i mi, cyn bwysiced â chwarae'r gig 'Steddfod yn y Ddinas' yng Nghlwb Tito's yn Eisteddfod Caerdydd, 1978, neu chwarae gig ar nos Sadwrn yn y Casablanca Club ar ddiwedd y saithdegau.

O 2012 ymlaen roeddwn yn profi rhyw fath o ymchwydd creadigol. Yn yr un flwyddyn, rhyddhawyd yr albwm *Brecwast Astronot* ac fe gyhoeddwyd cyfrol o gerddi newydd gen i dan y teitl *Cerbyd Cydwybod*. Y gyfrol hon oedd y catalydd ar gyfer yr ymddangosiad yn noson Bragdy'r Beirdd. Roeddwn yn arfer darllen barddoniaeth yn gyhoeddus gryn dipyn yn y chwedegau hwyr a'r saithdegau a braf gweld fod hynny, erbyn 2012, wedi dod yn rhywbeth cŵl iawn i'w wneud unwaith eto.

Roedd cynulleidfa Bragdy'r Beirdd mor ifanc-brydferth ac mor cŵl, cefais lond bol o ofn cyn mentro i'r llwyfan. Roeddwn wedi cael sioc o weld

cymaint o bobl oedd yno i weld hen fardd yn ymlwybro. Ond chwarae teg iddynt, cefais dderbyniad arbennig.

Gan nad oedd ganddynt lawer o syniad am fy ngwaith cynnar, gan ei fod allan o brint ers blynyddoedd, darllenais drawstoriad o'm gwaith. Darllenais rai cerddi o *Eira Cariad* (1970), cerddi a ysgrifennais rhwng bod yn bymtheg a phedair ar bymtheg mlwydd oed – adeg pan oeddwn mewn cariad â barddoniaeth ei hun a'r syniad o fod yn fardd. Syniad rhamantaidd, naïf oedd gen i – bod yn Rimbaud neu *beat poet*. Ceisiwn ysgrifennu stwff modern, gwahanol, ond cefais adolygiadau ofnadwy. Doedd neb, bron, yn hoff o'm gwaith heblaw am Meic Stephens, golygydd *Poetry Wales*, a Prys Morgan o'r cylchgrawn *Barn*. Roedd y ddau'n gefnogol dros ben. Yr unig adolygiad da gafodd y gyfrol oedd adolygiad gan Euros Bowen yn y cylchgrawn *Taliesin*. Dwi'n cofio fel yr oeddem fel teulu un diwrnod yn cael cinio yn nhŷ brawd fy nhad, yr Athro A. O. H. Jarman. Byddai ef yn curo Clint Eastwood mewn cystadleuaeth 'peidio dweud llawer', ond y diwrnod hwnnw dyma fo'n dweud wrtha i, 'Mae Euros Bowen yn dweud eich bod chi'n fardd da.' Gwnaeth hynny imi deimlo'n well gan mai Euros Bowen, yn digwydd bod, oedd fy hoff fardd Cymraeg ar y pryd.

Darllenais rai cerddi hefyd o'r gyfrol *Cerddi Alfred Street* (1976), fy hoff gyfrol o'r tair a gyhoeddais. Mae'n gyfrol ddinesig, mae'r iaith yn syml ac yn gyson o ran arddull. Cafodd y gyfrol hon ei slamio pan gyhoeddwyd hi gyntaf er bod rhai'n cyfeirio ati o hyd. Plethais y cerddi hyn efo fy nghasgliad mwy diweddar o gerddi, *Cerbyd Cydwybod* (2012). Mae cerddi'r gyfrol hon yn wahanol eto; maent yn fwy tadol rhywsut.

Y rheswm y rhois i'r gorau i ysgrifennu barddoniaeth yn 1976 oedd fod y ddwy gyfrol wedi cael derbyniad mor sâl. Doedd dim llawer o ffrindiau gen i ymysg y sefydliad barddol Cymraeg. Penderfynias roi fy holl egni i sgwennu caneuon a'u perfformio. Ond, ers hynny, dwi wedi sgwennu dwy gyfrol newydd, y naill yn Gymraeg, sef *Breuddwydio am Gwrw Sinsir*, a'r llall yn Saesneg, *Lost Planet*. Does gen i ddim bwriad i'w cyhoeddi ar hyn o bryd.

Mae Bragdy'r Beirdd yn rhywbeth pwysig iawn, iawn i gyfoethogi ein cymdeithas. Mae'n croesawu pawb ar bob lefel. Mae'n cael ei gynnal gan bobl sydd â chalonnau ifanc, ond mae'n agored i bobl o bob oedran. Dydi o ddim yn gaeth a does dim dogma. Mae croeso i bawb sy'n licio barddoniaeth fyw – cerddi cynganeddol a cherddi rhydd fel ei gilydd, a hynny heb fod yn uchel-ael mewn unrhyw ffordd.

BRAGDY'R BEIRDD
yn cyflwyno...

YN DIWALLU SYCHED CYMRU
BRAGDY'R BEIRDD
ERS OES PYS

Geraint Jarman
Gwennan Evans

Beirdd y Bragdy:
Catrin Dafydd
Osian Rhys Jones
Rhys Iorwerth

DJs Llwybr Llaethog

7.30pm Nos Iau
21 Mehefin 2012
Mynediad am ddim

Rockin' Chair,
Glan yr Afon, Caerdydd

www.bragdyrbeirdd.com

Y peth gwych – ac arswydus – am gynulleidfa'r Bragdy yw mai cynulleidfa o bobl ifanc yw hi'n bennaf. Dim amarch i drwch y cynulleidfaoedd hŷn sydd, wedi'r cyfan, yn gynheiliaid i'r sin farddol ar hyd a lled y wlad, ond peth cyffrous iawn o bryd i'w gilydd yw cael y rhyddid i ganu i dy genhedlaeth dy hun! "

EURIG SALISBURY

Diolch

(cerdd i Osian ar ennill y Gadair)

Pan ddaw'r bwgan i sugno pob diddordeb a direidi,
pob awydd bwyd, pob ysfa am gwmni,
trof yn ôl at dy eiriau di.
Pan fydda i'n methu gwrando,
y dyddiau'n llithro i'w gilydd
a phob awr o fywyd yn fynydd,
trof atynt, fel at gyffur.

Pan fydda i'n trio cysgu
a'r rhywbeth cyfarwydd hwnnw'n
fy llusgo gerfydd fy ngwar trwy'r oriau
ar hyd coridorau gwyn y dyddiau du,
trof eto at dy eiriau di.

Yn sbec trwy'r twyllwch i ddechrau,
daw dy awdl yn olau lamp.
Rhwng gair a gair fe welaf
nad ydw i fy hun.
Mae dy gerdd yn goleuo'r darlun.
Daw ei sain yn belydrau tena,
daw ei stori â mi gam yn nes at fy stori inna,
a gwelaf fod eraill yma.
Gwelaf mai brwydr gyson yw hon,
ond nawr, a dy eiriau'n haul cry',
gwn y galla inna oroesi.
Mae dy lais yn adenydd i mi.

Casia Wiliam

Y botel win

Lawr yn y seler, o dan drwch
o damp a düwch, a lot o lwch,
wedi ei chadw ers amser hir
nes imi anghofio amdani, wir,
    · roedd potel win.

Ro'n i'n ei chadw at ryw ddydd –
ond mewn gwirionedd, sawl un sydd? –
dydd godidog, dydd *eureka*'r 'nawr'
pan fyddai angen dathliad mawr.
Ond dal i hel ei haen o lwch
    wnâi'r botel win.

Dim ond dan rwgnach yr es i
i lawr i'w nôl a'i hagor hi,
a'r lle yn llawn cyfeillion lu
(a dim byd arall i'w yfad yn tŷ)
gan fethu credu mai hon oedd awr
    y botel win.

A thynnu wnes y corcyn cam
er 'mod i'n dal i ofyn pam,
tywallt gwydrau, a sticio trwyn
i mewn yn rhodresgar i ddal ei swyn,
i ffrwyno pob diferyn ir
    o'r botel win,

a dechrau meddwi ar ei grawn,
a graddol fynd yn haerllug iawn,
dweud jôc sy'n syrthio braidd yn fflat,
a dechrau troi yn bach o dwat,
finnau i fod yn fy ngwely ers hir
        heb botel win.

Mwydro lot, a thynnu llun,
a chanu'r piano ben fy hun,
gwneud hwyl er mwyn diddanu rhai
(eraill wedi'u diddanu llai),
ond does dim ots, mi gaf roi'r bai
        ar y botel win.

Ac yn y cwmni'n deall hyn
drwy niwloedd oer fy meddwdod syn:
mai er mwyn dathlu'r noson hon,
wedi ei chadw am flwyddyn, bron,
y llanwodd rhywun, dymhorau'n ôl,
        y botel win,

a'r tŷ'n distewi, a'i llais hi'n
chwerthin, a methu bod yn flin
fod noson arall yn sychu'n ddim
mewn gwydr, a'r cyfan yn chwalu mor chwim,
a sŵn traed bach ein dathlu ffôl
ar waelod y grisiau, a dim ar ôl
        o'r botel win.

Llŷr Gwyn Lewis

Yn y sêr

Y noson honno,
pan est ti,
daeth y lloer i lawr
yn araf bach
gan ddisgyn yn dwt
dros risiau'r sêr
nes cyrraedd fy llaw.
A chlywais dy lais
yn dweud, llynca!
Felly dyna wnes i.
Rowlio'r lloer yn araf rhwng fy mysedd
cyn ei gosod ar fy nhafod.
Golau arian yn sgleinio ar lithren binc.
Llynca! medd dy lais.
A dyna wnes i.
Gadael i'r belen glaerwen
lithro lawr fy llwnc.

Eisteddais yno'n meddwl amdanat,
dagrau'n hogi'r galar,
ond yna mynnodd y lloer fy sylw,
ei golau yn llenwi,
yn llifo mewn i'm hesgyrn, i'm bodiau, i'm bysedd.
Yn lliwio pob cornel ddu.
Paid â phoeni, medd dy lais.
Cefais fyw.
Cefais fod yn hapus.
Dechreuodd egni'r lloer fy nghodi'n araf,
yna'n gynt ac yn gynt,
nes fy mod yno gyda thi.
A chefais gyfle
i roi un gusan olaf ar dy foch
mewn môr o sêr.

Casia Wiliam

Cawod eira

(wrth ddychwelyd i'r gwaith ar ôl fy nghyfnod mamolaeth)

Disgynnodd cawod eira dros ein byd
a ninnau'n stond, yn llawn rhyfeddod syn.
Mae'r cyfan bron â dadmer nawr i gyd.

Y cyngor oedd i aros adre'n glyd
a gafael ymhob eiliad fach yn dynn.
Disgynnodd cawod eira dros ein byd.

Â'm camera, ceisiais gadw cof o'r hud
mewn lluniau sydd fel cardiau post o wyn.
Mae'r cyfan bron â dadmer nawr i gyd.

Caf wên neu sgwrs yn amlach ar y stryd
a phawb yn oedi'n hwy y dyddie hyn.
Disgynnodd cawod eira dros ein byd.

Mae'r rhew yn toddi'n gynt a chynt o hyd
a'r dŵr yn llifo nawr i'r lle y myn.
Mae'r cyfan bron â dadmer nawr i gyd.

Mae'n amser cadw'r pram a'r mat a'r crud.
Oes peth i'w weld ar ôl ar gopa'r bryn?
Disgynnodd cawod eira dros ein byd.
Mae'r cyfan bron â dadmer nawr i gyd.

Gwennan Evans

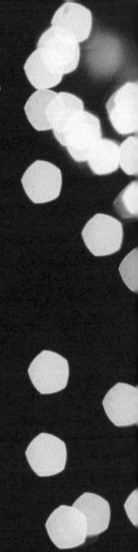

Merch y tes

(i Ffion yn 40)

Mae'r gwyll yn dywyll ar y don. Mae mil
o gymylau estron
uwch y tywod, a chysgodion yn hel
y glaw'n dawel dros y glannau duon.

Oer a mud ydi oriau mân y traeth
a'r môr trwm sy'n gwegian
yn y bae. Y sêr buan yn cuddio
a neb yno, dim ond lleuad benwan

ddigymar yn galaru yn y niwl.
A thrwy'r nos mae Cymru
yn dalp o arfordir du, yn dir neb,
yn ddiwyneb yn y gwyntoedd hynny

sydd rhwng braich a braich yn brochi. Ond hisht!
Wrth i'r tarth a'r heli
fel un ddisgyn, mi ddaw hi at y traeth.
A hwnt i hiraeth mae gwawr yn torri.

Lle bu'r llanw, dacw hi'n dod o'r môr
ar ei march gwyn hynod,
yn mentro i'r haf er mwyn troi'r rhod a'r lle'n
heulwen y bore'n fwy glân yn barod.

Dilyn wnawn ni'r pedolau trwy'r ewyn;
trwy'r awel clywn garnau.
Mae'i gwallt o'i hôl yng ngolau cynta'r dydd;
mae'n rhydd ar hewlydd sydd heb reolau.

Ar y lan mae'n ail Riannon; yn lli'r
gorllewin mae'n crwydro'n
ei blaen, ymlaen am y lôn, ac mae'r ddôr
heb boen yn agor i'w Mabinogion.

Yn haul yfory o hyd oni fydd
yna ferch o'r cynfyd
yn y bae yn wyn ei byd? Merch y tes
yn hel o'r hanes, yn hawlio'r ennyd.

Rhys Iorwerth

'Ychydig o hwyl ... '

Gan Gwyneth Glyn

Mae'n dyled yn fawr i Iolo Morganwg, nid yn unig am sefydlu Gorsedd y Beirdd, ond hefyd am gymell noson farddol eisteddfodol gyntaf Bragdy'r Beirdd yn Eisteddfod Bro Morgannwg 2012. 'Noson anffurfiol efo ychydig o hwyl' oedd cais Rhys Iorwerth mewn e-bost a anfonwyd at yr holl feirdd. Bu'r ymateb yn frwd a chynhaliwyd noson 'Iolo!' yn nhafarn yr Hen Hydd Gwyn, Llanilltud Fawr am 8yh ar Awst y 7fed.

Bu Catrin Dafydd yn ddigon dewr (neu wirion) i gytuno i ganu deuawd efo fi, ac aethom ati ein dwy i gyfansoddi cân-o-sgwrs rhwng Iolo a'i wraig wrth iddo baratoi i fynd ar un o'i anturiaethau:

> I'r Amerig! I'r Amerig!
> Lle mae'r tiroedd mor beryg
> a dyn ar drugaredd y ddrycin a'r gwynt ...

Deialog o fath tra gwahanol fu'r arlwy flwyddyn yn ddiweddarach yn Eisteddfod Sir Ddinbych a'r Cyffiniau, yn noson 'Siwper Cêt ac Ambell Fêt' yng Nghlwb Rygbi Dinbych. Camodd Aneirin Karadog i esgidiau Saunders Lewis mewn cyflwyniad oedd yn seiliedig ar yr ohebiaeth rhyngddo fo a Kate Roberts, gyda chyfeiliant bît-bocs byw gan Ed Holden. Drwy gyfrwng rapio Jay-Z / Beyoncéaidd, meddiannwyd y ddau gawr llenyddol gan chwant nwydwyllt gwyrdroëdig, a thrawsnewidiwyd hwy yn Archarwyr o flaen llygaid y gynulleidfa syn a oedd, diolch byth, yn eu dagrau gan chwerthin.

Anodd oedd dilyn camp a rhemprwydd Siwper Cêt a Saunders, felly dyma roi seibiant i'r deuawdau yn noson 'Yn y Coch', Eisteddfod Sir Gâr, a chanu unawd o safbwynt Scarlett O'Hara, oedd wedi rhoi ei bryd ar ennill y wisg wen, ac yn trio gwneud hynny drwy brofi bod ei llinach yn arwain yn ôl at Iolo Goch, Gruffudd ab yr Ynad Coch a.y.y.b. Ond siom gafodd yr hen Sgarlcd:

> Gwrthod fy nghais ddaru'r Orsedd.
> 'Gee-whizz,' ebe finna, 'ond pam?'
> 'Y mae pawb yn gytûn
> felly bloeddiwn fel un:
> achos ffrancli mai dîyr wi dont guf a DAM!'

Flwyddyn yn ddiweddarach, roedden ni'n dathlu mawredd a mwynder Maldwyn a'r Gororau yn noson 'Anntastig' yng Nghlwb Rygbi Cobra, Meifod. A dyma bigo ar y Prifardd coronog Guto Dafydd i chwarae *alter-ego*'r bardd a'r emynydd Ann Griffiths (sef Annystywallt) mewn cyflwyniad lle'r oedd y ddau (neu'r ddwy) ohonom yn gwisgo boned ddu a chlogyn Cymreig, ac yn ffeirio lle o flaen y meicroffon wrth i'r naill neu'r llall ohonom drio cael y gorau ar seici cymeriad Ann. Rhyfeddod i mi oedd y modd yr ymrwymodd Guto, fel Aneirin o'i flaen, mor llwyr i'w ran. A dichon mai dyna sydd i gyfri am lwyddiant y cyflwyniadau lled wamal yma, sef gallu'r bardd, fel yr actor, i gredu mor gyfan gwbwl yn ei ddeunydd, nes ei fod yn argyhoeddi llond clwb rygbi o eisteddfodwyr eu bod nhw wedi gweld ymgnawdoliad o Ann Griffiths yn chwil ar ôl reid wallgo yn y ffair, yn camgymryd Gwrthrych Teilwng o'i Holl Fryd ... am Arwyn Groe!

Bu mwy fyth o wamalu yn Eisteddfod y Fenni yn noson 'Sieffre, Sieffre!' pan lusgwyd Twm Morys gerfydd ei sgrepan i ymuno â GG (Gwenynen Gwent) fel Big Ben mewn het gantel uchel, wrth i'r ddau drio dod â diwylliant Cymraeg a Chymreig i'w werin datws.

Ond y mwyaf gwleidyddol o'r cyflwyniadau fu'r ddeuawd yn noson Wylfa B-eirdd ar Fferm Penrhos, Bodedern yn Eisteddfod Môn 2017, pan ganodd Twm a finna fedli chwerwfelys o ganeuon Tony ac Aloma, gan glodfori nifer o foch blaenllaw Môn, a chollfarnu'r rhai hynny ohonynt a bleidleisiodd o blaid codi wyth mil o dai newydd yng Ngwynedd a Môn:

> ... a chrogi un, dau, tri o foch,
> a'r hwch sydd wedi rhedeg drwy'r siop!

Dim ond crafu'r wyneb fedar rhywun ei wneud yn hyn o ofod, ac afraid dweud mai myfiol hollol ydi'r argraffiadau yma o'r nosweithiau. Ond heb os, mae noson farddol eisteddfodol Bragdy'r Beirdd yn un o uchafbwyntiau'r wythnos, os nad y flwyddyn, i mi, a hir oes iddi. 'Noson anffurfiol efo ychydig o hwyl,' chadal Rhys Iorwerth – pa angen dim amgenach?

Marc y Siarc ein porthor sionc!

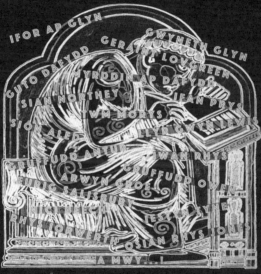

SIEFFRE, SIEFFRE!

CRONICLO CAMPAU SIR FYNWY
GYDA CHERDDI A CHANEUON

IFOR AP GLYN
GWYNETH GLYN
GUTO DAFYDD
GERAINT LOVGREEN
MYRDDIN AP DAFYDD
SIAN NORTHEY
IFAN PRYS
SION ALED
WM MORYS
LLYR GWYN LEWIS
GRUFFUDD ANTUR
IWAN RHYS
ARWYN GROE
GRUFFUDD OWEN
EURIG SALIS BUR
IESTYN TY
RHYS IORWERTH
OSIAN RHYS JONES

...A MWY...!

CLWB PÊL-DROED Y FENNI   £4
7.30PM NOS FAWRTH 2 AWST   WRTH Y
                             DRWS

“ Wnes i ddim gwisgo sgidiau addas y noson roeddwn i'n darllen fy
ngwaith ym Mragdy'r Beirdd. Wnes i ddim chwaith sylweddoli faint
o waith cerdded sydd yna rhwng Cathays a Canton. Roeddwn i'n
sefyll i ddarllen fy ngherddi ar ddwy droed amrwd fel dau bysgodyn.
Fe ddysgais wers bwysig am berthynas sgidiau da a barddoniaeth … ”

ELAN GRUG MUSE

Bragdy'r Beirdd yn cyflwyno...
fel rhan o wythnos Tafwyl

CANEUON GAN:
HUW CHISWELL

CERDDI GAN:
GRUG MUSE
A
BEIRDD Y BRAGDY

NOS WENER 30 MEHEFIN 2017
8PM
MYNEDIAD: £10 WRTH Y DRWS

Columba Club, Heol Llandaf Treganna

Ewch i: bragdyrbeirdd.com

Roedd fi arfer bod yn siaradwr Cymraeg

Roedd fi arfer bod yn siaradwr Cymraeg,
I mean yn yr ysgol, baner y ddraig.
Erbyn heddiw mae'n, wel, gwahanol,
mae Cymraeg dim *actually* mor berthnasol.
I know i chi, chi'n 'neud e bob awr,
chi'n snogo yn *Welsh*, chi'n siarad e nawr.
Chi efo 'Mam-gu', neu 'Taid' sy'n medru,
neu Mam a Dad, neu Aunty Audrey.
Ie, oedd ti'n sylwi? Roedd fi'n dweud 'efo', wel,
roedd athrawes fi'n Gog yn y Cynradd, t'wel.
Mae pawb yn tŷ ni wedi bod yn Glantaf,
ond ni ddim yn siarad e, *are you havin' a laugh*?
Bydd pawb yn edrych arno fi fel fi'n *mad*
os un dydd fi'n dweud – lle mae'r *remote control*, Dad?
Ond *listen here*, fi'n mega *proud*,
mae pawb yng Nghymru i fi fel brawd,
a mae'r iaith Gymraeg yn rili hanfodol
i pasio 'mlaen i plant y dyfodol.
A'r *funny thing is*, dwi'n dal yn cofio
lot fawr iawn o geiriau doniol.
Fi'n gallu cynnal arbrawf yn llwyr yn Gymraeg,
dwi'n gwybod 'gwresogydd Bunsen', paid,
impressive, nagyw e – fi'n gwybod mwy:
fi'n gwybod cadair, nid dau ond dwy;
fi'n gwybod llosgfynydd, aml-ffydd a ffawd,
fi'n gwybod yr arennau, a'r ddau fys bawd.

Fi'n cofio cerddoriaeth y Dadeni – *mint*,
fi'n cofio'r dywediad – i'r pedwar gwynt.
Ond gofyn fi chato yn yr heniaith fi,
a bydd fi'n stryglo, *I can't get it out, see,*
fi jyst *never did it, never done it* – fact,
ac os bydd fi gorfod, ar ôl, bydd fi'n *whacked.*
Ond ie, mae ymarfer o flaen chi lot
wedi gwneud e'n rwyddach, *put me on the spot.*
A 'falle, y mwya fi'n cael *chance* i iwso fe
bydd pethau'n dod 'nôl, *you never know, yeah* ...

Catrin Dafydd

Hwiangerddi sinicaidd
i blant bach annifyr

Dau gi bach yn mynd i'r coed,
esgid newydd am bob troed.
Dau gi bach yn cael eu bwlio ...
wnawn nhw'm gwisgo'r sgidia eto.
Dau gi bach.

Ar lan y môr mae caniau gweigion,
ar lan y môr mae baw cŵn Saeson,
ar lan y môr mae 'nghariad inna
yn sniffio gliw a dal *chlamydia*.

'Fuoch chi rioed yn morio?'
'Wel do, mewn padell ffrio.'
'Paid â malu cachu, wir,
'sa'r bastad peth 'di suddo!'

Dau gi bach yn y maes parcio
welodd oleuadau'n fflachio.
Dau gi bach 'di cael eu creithio
ar ôl dysgu be 'di 'dogio'.
Dau gi bach.

Deryn y bwn o'r Banna
a aeth i rodio'r gwylia,
lle disgynnodd o, ar ei ben, ar ei ben,
bwm bwm bwm bwm ...
mae'r cr'adur nawr mewn coma.

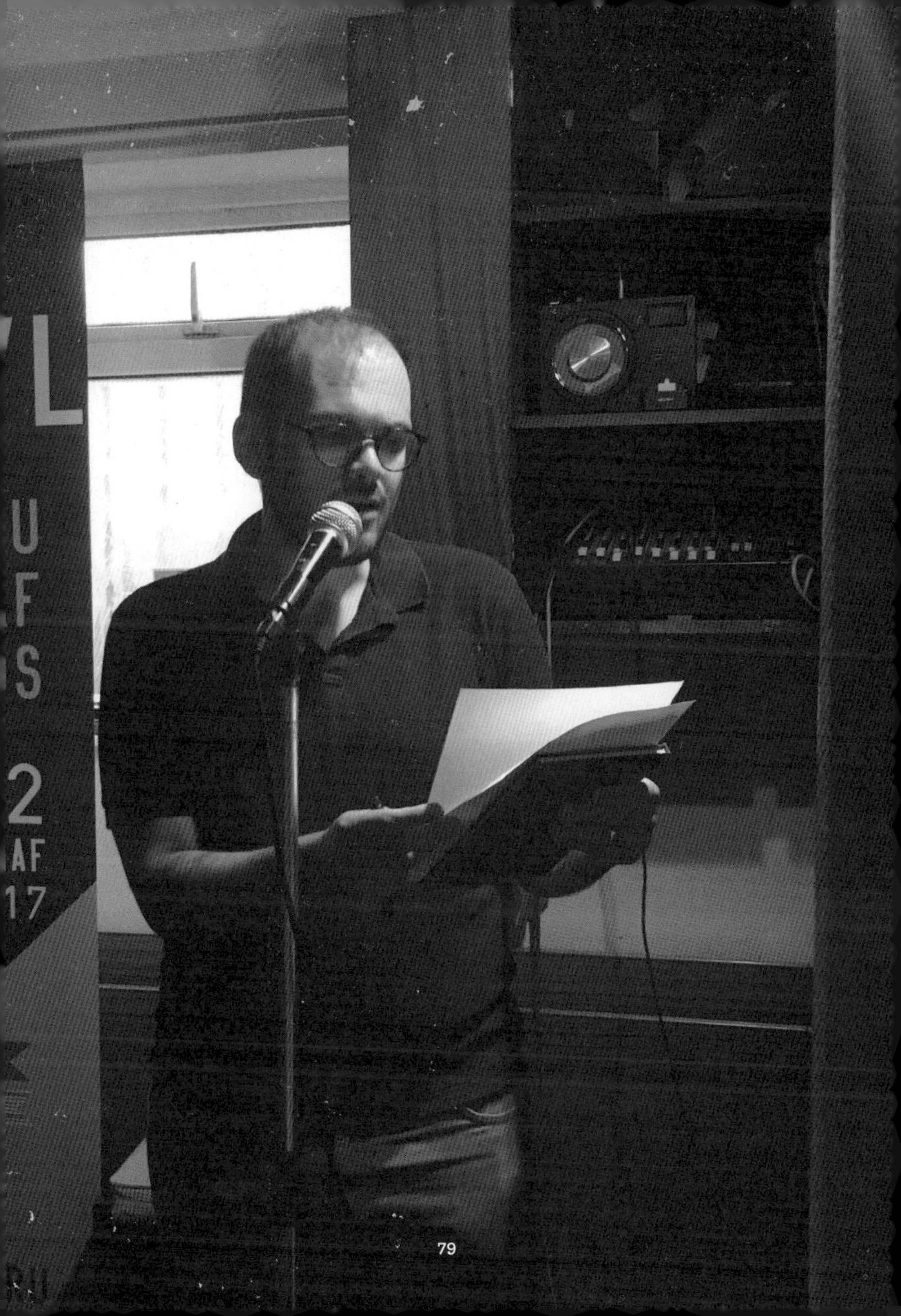

Ar lan y môr mae ambell fastad
yn dweud c'lwydda am fy nghariad.
Tydi ddim yn gwerthu *blowjobs*
Am ffiffti pi, ond ma'i'n gwneud *handjobs*.

Dau gi bach yn mynd ar dennyn
draw i'r parc i drafod Lenin.
Dau gi bach yn dŵad adra
(mae mynd i'r parc yn lot rhy *bourgeois*).
Dau gi bach.

Hen fenyw fach Cydweli
yn gwerthu LSD.
Er addo trip dymunol,
seicosis gefais i.

Dau gi bach yn mynd i Ely
(syniad gwirion oedd o rili),
bellach maen nhw lawr y stesion
'rôl cael stid gan ddau *Alsatian*.
Dau gi bach.

Gwen a Mair ac Elin
yn bwyta lot o bwdin
ac yna chwydu'r cyfan lan
(mae'n gyflwr reit gyffredin).

Mi welais Jac y Do yn eistedd ar ben to,
het wen ar ei ben a dwy goes bren
(mae'r crac-cocên 'ma'n gry').

Dau gi bach efo *depression*
wedi'u profiad â *Dalmatian,*
'nath o 'neud nhw lyfu'i fôls ac
rŵan maen nhw'n gaeth i Prozac.
Dau gi bach.

Myfi sy'n magu'r babi,
myfi sy'n siglo'r crud,
gan feddwl nad oedd Herod
efallai'n ddrwg i gyd.

Dacw dy fam yn dŵad
a'th dad di ar ei chefn;
(mae'n ddelwedd reit anghynnas
sydd bellach lond dy ben).

Dau gi bach yn mynd i Tsieina
wedi clywed bod bwyd ffein 'na.
Roedd pawb yno'n hoffi'r pŵdls
(fe'u serfiasant gyda nŵdls).
Dau gi bach.

Gruffudd Owen

Ymddiheuriad i fy chwaer fawr

Roedd Dic ac Aden yn byw yn y blode,
yn ddistaw, ddistaw, rhwng y petale perta
ym môn y berth.

Byddai'n rhaid i chi gamu â gofal
gan mai dim ond llond dwrn oedd y ddau i gyd.
Ac am hynny, byddent yn cwato yn eu cwrcwd o dan y dail
pan fyddet yn eu rhybuddio fod pobl fawr yn dod.

Gwelet eu Metro coch weithiau ar siwrneiau hir
pan fyddai diflastod yn llethol yn unigrwydd y sedd gefn.
Byddai'r ddau'n dwlu codi pac am antur
a stopio mewn cilfach am bicnic.
Cyfeillion anwadal oeddynt ar y cyfan.

Roedd Dic ac Aden yn byw yn y blode.
Roeddynt yn ddiddig yn y tusw lliwgar gariai Mam-gu
y tro diwethaf y gwelaist gip arnynt.

Ond rhywle, ar y coridor clinigol,
rhwng y lifft a'r ward mamolaeth
fe'u dychrynais gyda fy nghrio diwrnod oed
a diflanasant i ebargofiant.

Gwennan Evans

BRADDY'R BEIRDD YN CYFLWYNO...

LLWYBR LLAETHOG
YN CADW'R CURIAD i...

IFOR AP GLYN

BEIRDD Y BRADDY:
CATRIN DAFYDD
OSIAN RHYS JONES
RHYS IORWERTH

ALED RHEON
POBOL Y TWLL (DJ)

MYNEDIAD AM DDIM!

8PM
NOS WENER 14 MEHEFIN 2013
ROCKIN CHAIR,
LAN YR AFON, CAERDYDD

WWW.BRADDYRBEIRDD.COM

Cyn i'r babi gyrraedd

Fe ysgrifennais hon i'm cyd-Ffoaduriaid (enw ein tîm ar raglen Talwrn y Beirdd),
Gwennan a Gruff, gwta fis cyn iddyn nhw groesawu eu babi newydd i'r byd.

Gwranda –
wyddost ti'r eiliad yma?
Hon rŵan hyn?
Dal ynddi'n dynn a chyfra
yn araf, araf, gan gymryd dy wynt atat.

Achos cyn hir
bydd y tir dan dy draed yn disgyn
a byddi'n esgyn i'r seithfed nef
ar yr un pryd.

Bydd bodolaeth newydd mewn crud
yn y tŷ – yno *efo* chi –
ac er dy fod di wedi darllen pob dim, does *dim*
all dy baratoi at hyn:

at syndod llwyr mewn wyneb pur,
sy'n ddiarth ac yn gyfarwydd,

at ddweud bore da
wrth un person arall
bob bora,

un bach, bach sy'n enfawr
ei bresenoldeb – a'i gysondeb
wrth grio a bwydo a mynnu
eich bod yn dod i'w nabod o.
Pob cromlin, pob blewyn perffaith ohono
nes ei fod yn troi yn rhan ohonat ti
nes eich bod
eich dau
yn dri.

Dal yn yr eiliad lonydd hon
a bydd yn barod i fynd
gan milltir yr awr o hyn ymlaen.

Ond rhwng y straen a'r dagrau,
y diffyg cwsg a'r dadlau,
mae'r pethau rhyfeddol
yn sleifio i mewn ...
yn droed, yn wên, yn drwyn smwt;
a byddi mwya sydyn
yn perthyn o'r newydd.

Dy dŷ yn llanast llwyr, a phopeth yn ei le.

Casia Wiliam

Wrth enwi ein mab

Adda, Artro, Anarawd, Aldwyn,
oedd dechrau ei restr 'Hoff enwau i hogyn'.
Tybed a fyddai y Bs yn fwy addas?
Baeddan, Barach, Bedyn, Bedwas.

O, Gruff! Mae 'na beryg caiff Cador neu Clydno
neu Camber neu Carn neu Cynfelyn ei fwlio.
Mae Deicws a Dyfnwal yn enwau go soled,
ond yn yr un modd, Tomos, Dafydd ac Aled.

Mae Ednowain, Edernog, Eudwaf ac Edernol
a Glander a Glewas, i mi'n *rhy* ddiddorol.
O ba gracer y cest ti Hoen, Hwmffre a Hebog,
Idloe a Lawnslod, Melwas a Morfaelog?

A 'dyw Nwython nac Onfael nac Orchwy nac Oleuli
ddim yn cael dod yn agos i'r tystysgrif geni!
A allwch ddychmygu fi'n galw yn dyner,
'Penwyn,' neu 'Peryf, der' lawr i gael swper!'?

Mae enw bach ciwt yn un peth, ond Rôl?
Bydde waeth i fi fagu Panini'n fy nghôl!
Rwy'n siŵr i mi deimlo wrth ddarllen Rhiwallon
ein babi'n fy nghroth yn cicio'n anfodlon.

Rwy'n deall fod enwau sy'n gorffen 'da 'march'
mewn ambell gyd-destun yn ennyn cryn barch,
ond Rhyngfarch a Rhwyfarch? Ar ba blaned ti'n byw?
Be sy'n bod ar gael Ceri, neu Hari neu Huw?

Sadwrn? Na. Samlet? Na. Seithenyn? Mawredd dad!
Meddwyn anghofus da-i-ddim foddodd wlad
oedd hwnnw. Rêl *loser*. A go brin byddai Tewdur
yn gwneud dim i hygrededd na *street-cred* y cr'adur.

Tyfyriog a Teler a Tudfwlch yn enwedig
sy'n enwau ymhonnus i gyntaf-anedig.
Mae'r rhestr yn cloi gydag Ungoed ac Wyrydd
(sy'n addas i fachgen neu ferch fel ei gilydd).

Es 'nôl reit i gychwyn y rhestr ryfedda
ac wfft i wreiddioldeb – fe'i galwn yn Adda.

Gwennan Evans

Sophie la Girafe

Dyma Sophie. Mae hi'n ddrud. 'Dyw Sophie byth yn y sêl.
Ar Ddydd Gwener Gwario, fe'i stelciais drwy'r dydd heb obaith gweld disgownt
na dêl.

Mae Sophie yn fwy na thegan i'w gnoi i fabi wrth dorri dant;
mae'n symbol o statws a chwaeth a steil, a dyna a gododd fy chwant
i gael un o'i brid i bimpio ein pram. O ffyc it. Fe ruthrais i'r dre
a gwario fy mhwyntiau *advantage* o Boots i gyd mewn un go. O ie!

Fe'i llithrais o'i bocs a'i ffroeni ag awch a'm calon yn curo ar ras.
Roedd arogl plastig mor hyfryd ar Sophie, nid drewdod rhyw blastig tsiep, cas.
A rhedais lan staer dwy ris ar y tro i ddangos fy mhwrcas bach tlws.
Roedd Gruff yn y bath, yn stiwio ers awr, a dydi e byth yn cloi'r drws.

A dyna pryd baglais ar *bumbo* fy mab a glanio ar ei *jumparoo*
a Sophie la Girafe aeth lawr y *toilette* lle bu sawl pi-pi a phw-pw.
'Dyw rhoi pethe fu lawr y pan yn eich ceg ddim yn arfer arbennig o iach,
felly rhaid oedd steryllu ein Sophie ar frys, nid er mwyn osgoi cael jiráffs bach
ond i'w chadw yn lân – i'r meicro â hi – i gael llwyr lanhad yn y stêm.
Ond erbyn y 'ping' roedd Sophie fach dlos yn hyllach na phantomeim *dame*.

Ces gip ar y bocs, a gweld mewn print mân 'avoid exposure to heat',
a dyna i chi pam fod y tegan cain yn awr fel *roadkill* go drist o Longleat.
A dyma'r foeswers dros yr ŵyl. Na ffolwch ar Sophies ein byd.
Ond os methwch, fel y gwnes i, darllenwch y bocs i gyd.

Gwennan Evans

BRAGDY'R BEIRDD

yn cyflwyno...

MEIC STEVENS

BEIRDD Y BRAGDY

Gwennan Evans
Gruffudd Owen
Llŷr Gwyn Lewis
Osian Rhys Jones
a mwy...

£5 wrth y drws

LLEOLIAD

Columba Club
Heol Llandaf
Caerdydd

8PM
27 EBRILL
2017

Hwiangerdd

(i'r mab yn y groth ar noson stormus)

Hidia di befo'r hen storom, er ei bod hi'n fygwth i gyd,
cei ddigon o ddyrnu a chicio pan fentri di allan i'r byd.

Hidia di befo'r hen storom, 'na i esgus nad ydw i ofn,
er bod crafangau bwystfilod yn rheibio fy nghalon ddofn.

Hidia di befo'r hen storom, mi swatiwn i'n gilydd ein tri,
er 'mod i'n amau y doi di i edliw'n pechodau ni.

Hidia di befo'r hen storom, mi wn dy fod eisoes yn gaeth
i lwyni llus a llygaid llaith,
a gwaed Crist fel cysgod craith
ar ryw hen hŵr o hanner iaith
a'th frawd am ddwyn dy siaced fraith
gan hwrjio siwt ac oes o waith
ac yn y man yr huno maith
ac y daw i'th ran cyn diwedd y daith stormydd llawer gwaeth.

Ond hidia di befo'r hen storom, hidia di befo nhw i gyd.

Gruffudd Owen

Shwmae?

(sgwrs rhyngof fi a fi fy hun)

Roedd hi'n sefyll yno, tu ôl i'r til, yn Boots ar bnawn dydd Iau.
Oedd hon yn medru'r Gymrâg? Dim bathodyn, felly un, dau …
'Shwmae?' wedes i, ac aros, gan obeithio'r gore yn G'fyrddin,
'Shwmae?' wedodd hi, a chyn pen dim, o'n i'n prynu *deodorant* 'da 'ngherdyn.
Wedodd hi rywbeth am y tywydd, rhywbeth am gymyle.
'Wenes i 'nôl, er bo fi ddim cweit 'di deall, ac wedyn es i gytre.
Odd hi'n sgwrs ddi-nod am ddim yw dim, ond odd hi'n sgwrs Gymrâg.
Siarad siop, siarad *shit*, siarad wast, siarad tywydd, siarad gwag.

'Sen i'n onest, ma' map 'di bod lan man hyn, Cymrâg yn gynta yn G'narfon,
ond pan mae'n dod i Hay-on-Wye, well cwato ddi'n 'y nghalon.
Sa i 'di moyn hwrjo fe ar bobl, 'neud nhw deimlo'n lletchwith,
a so chi byth yn siŵr, 'ych chi, yn Llandudno neu Langennith.
Ma' fe'n beth 'itha hunanol, unplyg, ch'mod – mynnu,
'neud i bobl deimlo'n *awkward*, nage pawb ga'th y cyfle i ddysgu.
Dro arall wy'n becso am 'yn Gymrâg i, meddwl nagyw e'n ddigon da,
a ges i *radd* yn y Gymraeg a fflipin A yn Lefel A.
Pwy obeth sydd i unrhyw un yn yr hen wlad 'ma, gwedwch?
O's, ma' isie safon, ac ysgolheigion, wrth gwrs, ond shgwlwch,
ma' isie iaith y stryd a slaciaith rwydd y trydar,
heb benne bach sy'n cywiro ar-lein gan feddwl bo nhw'n glyfar.
Iddi fyw ma isie 'ddi lifo fel gwa'd yn llifo'n goch,
gan ddeffro pob darn o'r corff o'r Barri i Abersoch.

Ac wedyn yr Eisteddfod, y trallwysiad blynyddol braf
sy'n harddu ein gruddiau un ac oll, ac yn blasu fel yr haf.
Pawb yn ishte ar y Maes gyda'r nos, mor ddiddig ac mor llon,
gan ddathlu bod Edward H wedi bod ar y ddaear hon.

Tra yn nhafarne Dinbych doedd 'na ddim ôl
o'r milo'dd odd ar y Maes yn canu 'Breuddwyd Roc a Rôl'.
Nage'n ffrind bach sbesial ni yw hi, mae hi fel yr a'r,
'yn ni i gyd yn 'i hanadlu ddi o'r Rhos i Aberdâr.
Os felly, rhown seins bei-ling lan ar faes y Steddfod Genedlaethol,
'neud pethe'n fwy *accessible*, 'mestyn mas yn fwy effeithiol.
Ond y peth mwya hygyrch alli di 'neud yw 'i chadw hi'n Gymrâg
a dysgu i bawb taw nhw pia'i o'r Pwll i Benarlâg.
Beth yw gwerth 'i dysgu ddi, os nago's nunlle ar ôl i drochi,
i nofio ynddi, i gofio, i blwmin ymgolli.

Hedfana wythnos y Steddfod, o mor greulon o sydyn,
ac awn adre i'r her feunyddiol o chwilio am fathodyn.
Ond beth am fynd adre heb rwystr, ydw i o 'ngho'
i feddwl nad oes, yn y Gymru hon, ardaloedd sy'n *no go*?
Gad nhw mewn yng Nghasnewydd, yn Rhaeadr, yn Hay-on-Wye,
bydd yn ddechre taith, 'sutwti, *yeah, you're right, that's Welsh for Hi!*'

Tro nesa ti'n prynu *deodorant*, gwed shwmae, cwyd y llen.
Y peth mwya hunanol alli di 'neud yw cadw ddi yn dy ben.

Catrin Dafydd

Taro'r Post

I wancars, dyma encil. Hwn yw'r Post
    i'r pastwn o donsil.
  Nid gwneud ond dweud ydi'r *deal*,
  a hynny yn anghynnil.

Colofnydd y dydd ar ei danc; esgob
    yn trawswisgo'n forgranc;
  rhuo ar ffermwyr ieuanc;
  strywio'r iaith yn destun stranc.

Arthio o bell am werth y bunt; tensiwn
    dros Kate Windsor; rhupunt
  am bobl noeth, a phoethwynt
  am foelni ac ynni gwynt.

Guto Bebb, a gohebydd o rywle
    yn rowlio lawr mynydd
  am *vox pop*. Llawn dop bob dydd
  yw'n Gwalia o gywilydd.

Y walis alcoholic yn yr Urdd
    yn rhoi jïns a thonic
  hŷd y Maes; cymryd y mic
  y maen nhw, a gwŷr manic

o'u co am Bobol y Cwm, neu hoywon
    go llon ger plwy Llangwm.
  Trolio am bris petroliwm
  a Dora'r wraig sy'n rhy drwm.

Arbed y blaned, a blino ar *vegans*
　　yn arfogi i gwyno;
　　cynhyrchydd desbret eto,
　　twrw Irac ... ond bob tro

af innau ar fy union i ganol
　　Gehenna'r pruddglwyfion.
　　Doethineb y bocs sebon:
　　dyna yw'n byd, yn y bôn.

Rhys Iorwerth

Dwy bleidlais a dau englyn

Brexit

Atgo yw'r croeso. Mae cri o *go home*
    yn gymysg â'r poeri
  fynnai hollt drwy'n hafan ni,
  dry'r seintwar yn dre sianti.

Catalonia

Eleni, Catalonia, y taniaist
    ti ynof ryw ysfa
  am ddiwrnod diamod da,
  am weled grym i Walia.

Aron Pritchard

Hunanwasanaeth

Mae hi'n dasg mor undonog,
mor ddi-liw ar bnawn dydd Iau;
yn un gall pawb yn rhwydd ei gwneud
efo'u llygaid nhw ar gau.

Mae'n ail natur inni bellach
torri rhestr a hel ein bagiau,
crwydro'n freuddwydiol ar hyd pob eil,
anghofio bod ffin rhwng angen ac eisiau.

Llenwi'r fasged, gwireddu'r freuddwyd,
y bywyd braf mewn seloffên;
mae'r bara, y selsig, y losin a'r bŵs
i gyd wedi'u pecynnu a'u gwerthu â gwên.

Siop yw hon sy'n bob dim i bawb,
a lle gall pawb gael bob dim.
Mae'n gysur gwybod bod eraill fel ni
yn chwantu gwneud eu siopa'n chwim;

a chwimach eto, yn ôl y drefn,
yw cael talu yn ddiymyrraeth –
wfft i'r ciw, es ar fy mhen
tua'r peiriant hunanwasanaeth:

'Welcome, please scan your first item,' meddai
(gan bwysleisio 'first' rhag ofn imi ddechrau â'r ail),
cyn imi sylwi ar yr opsiwn 'Cymraeg' ar waelod
y sgrin, er syndod, bu hyn yn sail

i Gymro swil lawenhau. Ces bwyso'r botwm
a bod yn rebel yn y selerydd saff,
es am unwaith a dal gerfydd fy ewinedd
yn y mymryn hwn o raff:

'Croeso, sganiwch eich eitem gyntaf.'
Troesai rhywun y foliwm i eithafion un ar ddeg,
ro'n i'n siŵr fod pawb yn syllu arna i,
cyrliais fodiau fy nhraed a brathais gongl fy ngheg;

pam fod dewis Cymraeg mor chwithig,
mor beryg i bob hunan-barch?
Pam weithiau dymuno i'r llawr ein llyncu,
neu gael gadael y lle reit handi mewn arch?

Fe es ati'n ddyfal iawn i sganio,
sganio'n sydyn, sganio am y gorau –
fel cath i gythraul yn llenwi'r bag ...
'Eitem annisgwyl yn ardal y bagiau.'

Golau coch yn fflachio, rhaid aros am gymorth,
ac o'r ciw tu ôl fe glywn i regfeydd,
ro'n i ar y llain galed, ar draffordd y tils,
a'm dewis iaith yn achosi tagfeydd:

'Alright, love? Pressed "Welsh" by mistake?
Don't worry, I'll change it back for you –
seems to happen all the time these days ...'
'Well no, I actually wanted ...' ac ar fy llw,

fe awdurdododd Sandra i'r peiriant
ddychwelyd yn ôl i'w stad naturiol,
çyn chwalu Tŵr Babel yn fil o rybuddion
nad oes dibenion bod yn wahanol.

Ailbwysais y botwm Cymraeg yn styfnig,
y botwm niwclear coch,
y *booby-trap* diwylliannol cas
sy'n gyrru eich enw i'r moch.

Sefais a dychmygais uwchben y sganiwr,
yr FBI, CIA, MI6,
GCHQ, NSA, bob un o flaen sgrin
yn nodi pwy ydw i, yn cael eu ffics:

'potential terrorist', 'non-conformer',
yn nodi fy lleoliad ar un pnawn dydd Iau,
pan ddeffrwyd fi o 'mherlewyg gan gyfarthiad,
'a ydych chi'n dymuno parhau?'

Weithiau mae ambell gwestiwn fel cyllell cigydd
yn tynnu gwaed o esgyrn a gewynnau,
yn tollti ymysgaroedd ar hyd y llawr,
yn troi ei llafn yn fy mherfedd innau:

es yn fy mlaen, a sŵn y sganiwr
yn cofnodi curiad pyls afreolaidd,
a finnau'n gaeth i'r drip diwylliannol
trwy linyn bogail sy'n fy nghadw'n wylaidd.

Ro'n i'n siŵr wrth lenwi'r cwdyn olaf
fod gen i gomplecs yn datblygu:
'rhowch eich arian i mewn –
neu dewiswch ffordd o dalu':

y math o gomplecs sy'n gallu llethu cenedl
sy'n boenus o ymwybodol o drueni'i chyflwr:
'cymerwch eich newid;
rhoddir arian papur o dan y sganiwr.'

Wrth adael trwy'r drysau awtomatig,
teimlad chwithig oedd mynd efo'r lli:
roedd y bagiau llawnion a gariwn yn drwm,
ond ddim mor drwm â 'nghalon i.

Achos weithiau, hyd yn oed
wrth wneud y tasgau bach bob dydd,
fe dâl inni agor ein llygaid,
a chrwydro pob eil fel 'taen ni yn rhydd,

peidio â cholli'n ffordd rhwng y cigoedd a'r gwirodydd,
bod o bryd i'w gilydd yn uchel ein cloch:
a throi'r foliwm yn uwch eto fyth
o Gaerdydd, Prestatyn i Abersoch:

a dyna ydi'r hunanwasanaeth
mwyaf a wnawn rhwng y brain a'r cŵn:
felly deffrwch eich archfarchnadoedd lleol
efo llond eich iaith chi o sŵn.

Osian Rhys Jones

Ffan mwya Bryn Fôn

(*ar alaw 'Rebal Wîcend'*)

Mae hi'n cyrraedd y Maes yn gynnar bob bore
mewn mwclis mawr chwaethus a dillad cerdd dant,
gan gyfarch enwogion a beirdd a chantorion:
'Wel sut wyt ti ers talwm, a sut mae y plant?'

Ar ôl crwydro'r Maes, a chael pryd bach yn Pl@iad,
tanysgrifio i *Golwg*, a *Barddas* a *Barn*,
aiff draw i'r Tŷ Gwerin ac yna'r Ymryson,
mae'n wraig ganol oed dosbarth canol i'r carn.

Ac yna am chwech mae hi'n ôl yn yr adlen
yn paratoi swper fel gwraig dda a mam,
ac yn sgwrsio â'i gŵr am fân sgandals steddfodol:
pwy sy'n nabod pa feirniad a phwy gafodd gam.

Ond ar y nos Fercher, ei gŵr hi sy'n gwarchod
y plant, mae nos Fercher yn eiddo iddi hi!
Mae'n rhoi trywsus maint deuddeg ar din sydd maint deunaw
achos heno 'di'r noson mae Bryn ar Maes B!

    A dyna chi hi! Ffan mwya Bryn Fôn go iawn,
    efo'i thop o Monsoon, a'i phad Tena Lady yn llawn.
    Yn ffan o Bryn Fôn, tra bydd hi byw.
    Mae hi'n gwybod fel ffaith mai Bryn ydi Duw!

Mae hi'n cyrraedd y gig yn barod i joio,
wedi swopio y Merlot am seidar a blac.
Cyn hir mae hi'n union fel 'tae 'nôl yn y coleg
a'i thafod (fel lastic ei nicer) yn llac!

Mae hi'n llygadrythu ar y talent sydd yno
gan rêtio'r beirdd ifanc yn gynnil fel gordd.
('Sa hi'n gadael i Guto gael snog fach a ffymbyl
ond 'sa hi'n gadael i'w frawd o gael mynd yr holl ffordd.)

Wel dyna chi hi! Ffan mwya Bryn Fôn ers tro,
gyda'i wên hogyn drwg, does neb cweit fatha fo.
Yn ffan o Bryn Fôn, mae hi'n dilyn Bryn
ers pan oedd o'n ddel ac yn gwisgo jîns gwyn.

Mae hi yn rhoi andros o slap i ryw hogan
am bod honno 'di honni bod Sobin yn *shit*.
Ond mae hi'n cael maddeuant ar ôl sgwrs efo'r bownsar
am ffeifar a byrgar a fflash bach o dit.

Mae hi'n gwthio ei chorpws drwy ganol y dyrfa
i'r ffrynt fel y gwnaeth hi ganwaith o'r blaen,
ac yn erfyn ar ryw hogyn i'w rhoi ar ei sgwydda,
'Ffyc off,' medda hwnnw, 'does gen i ddim craen!'

A dyna chi hi! Ffan mwya Bryn Fôn reit siŵr.
Pan welith hi o, mae hi yn anghofio ei gŵr.
Yn ffan o Bryn Fôn, ac er bod o'n hŷn
ac efo hanner y gwallt, mae o'n ddwbl y dyn.

Mae hi'n canu'r holl eiriau yn ôl ag arddeliad
gan ddawnsio a bownsio a siglo'i phen ôl.
Mae'n bownsio braidd gormod nes dangos ei *stretch marks*
i bawb yn y dorf, ond 'di'n poeni ffyc-ôl!